동부 유라시아
미누신스크 분지의 고대 문화들
(기원전 4~1천년기)

Dr. N.Bokovenko
Institute for the History of Material Culture the Russian Academy of Sciences,
St. · Petersburg, Russian Federation

Dr. S.Legrand
Associate Researcher at the CNRS (UMR7041 · ArScAn)

Ancient cultures of the Minusinsk Basin in Eastern Eurasia (4~1 millenniums BCE)

Древние культуры Минусинской котловины в Восточной Евразии (4~1 тысячелетия до н.э.)

Seoul
2015

동양학 문화총서 1

동부 유라시아 미누신스크 분지의 고대 문화들 (기원전 4~1천년기)

보꼬벤꼬 N. · 레그란드 S. 지음
정석배 옮김
단국대학교 동양학연구원 편

단국대학교출판부

동부 유라시아 미누신스크 분지의 고대 문화들

2015년 3월 2일 초판 인쇄
2015년 3월 7일 초판 발행

지은이 _ 보꼬벤꼬 N. · 레그란드 S.
옮긴이 _ 정석배
펴낸이 _ 장호성
기　획 _ 이재석
제　작 _ 송덕익
편　집 _ 성두현 · 박보혜
펴낸곳 _ 단국대학교출판부
등　록 _ 1968.2.27 : No. 제03-00095호
주　소 _ 경기도 용인시 수지구 죽전로 152
전　화 _ 031-8005-2405
팩　스 _ 031-8021-7154

값 15,000원

ISBN 978-89-7092-540-0　94900
ISBN 978-89-7092-538-7　(세 트)

• 이 도서는 2014년도 단국대학교 교비 지원으로 출판되었습니다.

간행사

檀國大學校 東洋學硏究院은 1970년 설립된 이래 한국문화를 기축으로 동아시아의 문화적 전통을 지속적으로 연구하여 왔습니다. 그 연구의 성과들을 한편으로는 동양학연구원이 간행하는 『東洋學』과 여타 다른 유수의 학술지들에 논문의 형식으로 발표하여왔으며, 다른 한편으로는 '동양학총서', '동양학연구총서', '동양학학술총서' 등 동양학연구원이 직접 간행하는 도서들을 통해서 학계에 내놓았습니다. 또한, 동양학연구원이 설립된 직후부터 지금까지 이미 40여 회를 개최한 '동양학학술회의'를 필두로, 30여 년의 노력 끝에 지난 2008년 완간한 『한한대사전』을 바탕으로 하여 한국의 사전학 발전을 위해 시작된 '동양학연구원 사전학학술회의', 2011년 한국고전번역원으로부터 '거점번역연구소' 사업을 수주한 이래 매년 개최하고 있는 '동양학연구원 번역학학술회의' 등 여러 학술 행사들을 통해 한국뿐만 아니라 세계 여러 나라의 학자들이 모여 그간의 동양학 관련 연구 성과를 서로 나누고 토론하는 장을 꾸준히 마련해왔습니다.

그러나 동양학연구원의 그간의 노력들이 주로 동양학 관련 전문 연구자들을 위한 것이었다는 지적을 겸허히 받아들입니다. '동양학문화총서'는 학술행사와 연구 프로젝트 등을 통해 습득하고 축적한 연구 성과들을 전문연구자들뿐만 아니라 일반 대중들이 더 깊이 있으면서도 쉽게 다가갈 수 있도록 도우려는 시도입니다.

『동부 유라시아 미누신스크 분지의 고대문화들』은 지난 2011년 11월 "동아시아의 문명교류 (II): 동아시아 청동기문화의 교류와 국가형성"을 공동주제로 개최된 제41회 동양학국제학술회의 직후에 서영수 당시 동양학연구원장에 의해 기획되었습니다. 이 책의 저자 가운데 하나인 러시아의 보꼬벤꼬 교수가 제41회 동양학국제학술회에서 「南시베리아 미누신스크분지의 청동기시대 고대 문화들」을 발표하였습니다. ―이 글은 이후 동양학

연구원이 엮어낸『동아시아문명교류사 2: 동아시아 청동기문화의 교류와 국가형성』에 실렸습니다.— 이 글을 바탕으로 보꼬벤꼬 교수가 함께 연구해온 프랑스의 레그란드 교수와 협력하여 더욱 상세한 자료와 설명을 보충한 것이 이번에 간행하는『동부 유라시아 미누신스크 분지의 고대문화들』입니다.

『동부 유라시아 미누신스크 분지의 고대문화들』은 미누신스크 분지의 지리적 · 기후적 고찰에 기초하여 그 지역에서 명멸했던 아파나시예보 문화, 오쿠네보 문화, 안드로노보 문화, 카라수크 문화, 타가르 문화를 망라하여 각 문화들의 특성을 꼼꼼하게 분석한 역작입니다. 특히 이 책에 포함된 100개가 넘는 도판들은 이 문화들의 실체에 다가가는 데 큰 도움을 줄 것입니다. 이 책을 동양학연구원을 통해 간행하도록 하신 니꼴라이 아나톨리에비치 보꼬벤꼬 교수님과 소피 레그란드 박사님께 고개 숙여 감사드립니다. 또한 이 훌륭한 글을 꼼꼼하고 알기 쉽게 번역하여준 한국전통문화대학교 문화유적학과의 정석배 교수님께도 깊이 감사드립니다. 정 교수님의 수고 없이 이 책은 한국에서 빛을 볼 수 없었을 것입니다.

이 책이 나오기까지 동양학연구원을 지원하여주신 단국대학교 장호성 총장님과 장충식 이사장님께 감사의 인사를 올립니다. 이 책을 처음 기획하셨고, 2009년 가을부터 2014년 여름까지 동양학연구원을 이끌어 주셨던 서영수 전 동양학연구원장님께도 깊이 감사드립니다.

아울러 이 자리를 빌려 동양학연구원에서 연구에 매진하고 있는 40여 연구자들의 노고를 치하합니다. 또 이 책이 나오기까지 애써준 동양학연구원 연구실의 여러 선생님들과 이 책의 편집과 출판의 모든 과정을 챙겨주신 단국대학교 출판부의 여러분들께 감사드립니다.

2015년 2월에

단국대학교 동양학연구원장 한시준

목차

서 론

고대에 동부 유라시아 스텝들은 여러 다양한 민족들의 역사적 운명 형성에 있어 중대한 역할을 한 독특한 지역이었다. 북쪽은 타이가와 거대한 삼림지대들로 남쪽은 산악들과 황무지들로 막힌 스텝 지역들은 고대의 민족들이 주로 위도 방향으로 이동할 수 있게 하였다. 이 스텝 지대의 중앙에 위치하면서 금속광물 광석을 포함하여 다양한 유용 광물을 가진 사얀 · 알타이 산맥은 금속 가공의 기술 발전과 다양한 도구의 개량을 가능하게 하였다. 산악들로 둘

그림 1 아시아에서의 미누신스크 분지의 위치

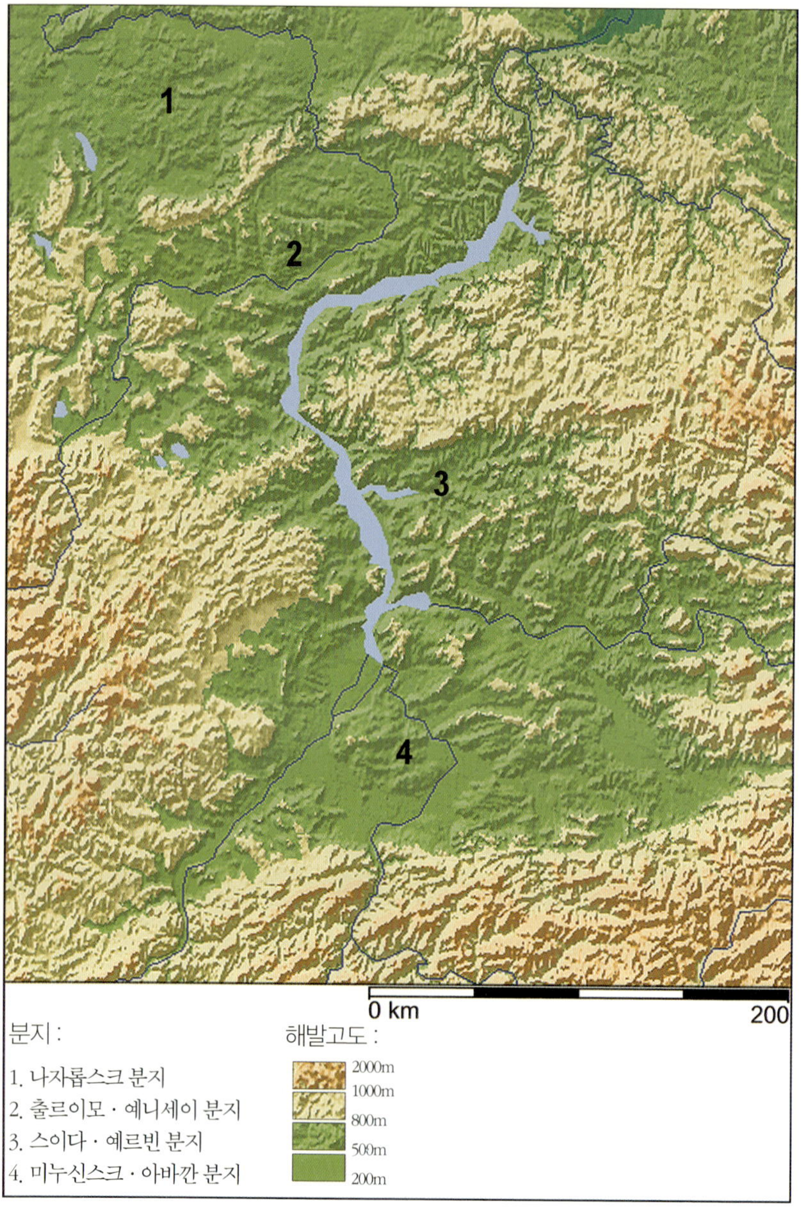

그림 2 사얀 · 알타이 지역 미누신스크 분지의 지리적 상황

러싸인 사얀 · 알타이의 스텝 분지들은 특별한 문화 · 역사적 권역을 이룬다(그림 1, 2). 이곳에서의 고대 문화들의 발전은 다른 문화들로부터의 외적인 영향을 최소로 받았고 그리고 오랜 옛날부터 이어져 온 토착 전통들에 최대로 기초하여 발전하였다.

미누신스크 스텝들은 남부 시베리아와 동부 유라시아에서 특별한 지역이다. 이곳에는 고대의 유적들이, 특히 다양한 문화 및 역사시대(구석기시대부터 후기 중세시대까지)의 고고학 유적들이 매우 풍부하다. 이 지역은 문화 · 역사적 측면에서도 원칙적으로 중요한데, 왜냐하면 바로 사얀 · 알타이 및 중부 아시아가 유라시아의 수많은 민족들의 기원과 관련이 있고 그리고 역사학 및 고고학 자료들에 의하면 바로 이곳으로부터 유목민들(사카 · 스키타이, 흉노 · 훈족, 투르크, 타타르 · 몽골)의 서쪽으로의 강력한 이주가 시작되었다.

독특한 식물 세계와 동물 세계, 안정적인 적응 및 재생산 체계를 가진 이 산악 · 스텝 지역은 고대의 공동체들에서 무엇보다도 먼저 목축과 관련된 가장 편리한 경제 체계를 만들 수 있게 하였다. 이 목축과 관련된 경제 체계는 기후의 변동에 따라 발전 및 개량되었다. 계절적 방목 이동은 수십, 수백 킬로미터에 걸쳐 일어났고 그리고 수직적 특징을 가졌다(하절기에는 산 위의 여름 목장으로, 동절기에는 눈이 적은 개방된 곳으로 이동). 1년 주기의 계절적 방목 이동을 수반하는 이 목축 복합 경제 체계는 중부 아시아의 투르크어 민족들(알타이인들, 하카스인들, 투바인들)에게 꽤 잘 관찰되고 있으며, L.N.뽀따뽀프의 의견에 따르면, 오랜 옛날부터 수백 년에 걸쳐 형성된 것이다(뽀따뽀프, 1984,

132쪽). 최적 경제활동 시스템의 붕괴, 인구학적인 및 목축적인 균형의 붕괴는 고대의 공동체들에게 사회적 긴장, 폭발 그리고 이주를 유발하였다.

물리·지리적 조건

미누신스크 분지는 조건부적인 개념으로서 아시아 중앙의 예니세이 강 양안을 따라 분포하는 4개(나자롭스크 분지, 출르이모·예니세이 분지, 스이도·예르빈 분지, 미누신스크·아바깐 분지)의 스텝 분지를 포함하는 시스템이다(그림 2, 3). 이 분지는 서쪽은 꾸즈네쯔끼 알라타우 산맥과 알타이 산맥에 의해 남쪽과 동쪽은 서(西)사얀 산맥과 동(東)사얀 산맥에 의해 각각 둘러싸여 있다. 예니세이 강 중류의 남쪽 부분에는 가장 큰 본원적인 미누신스크 분지가 위치한다. 그 북쪽으로는 크기가 작은 스이도·예르빈 분지, 출르이모·예니세이 분지, 나자롭스크 분지가 차례로 위치하면서 전체적으로 아르가 산맥에 의해 서부 시베리아 저지대와 구분되는 미누신스크 분지 시스템을 이루고 있다. 북쪽에는 북극해까지 이어지고 있는 타이가가 이 분지 시스템을 막고 있다.

출르이모·예니세이 스텝 지역은 쵸르느이 이유스 강

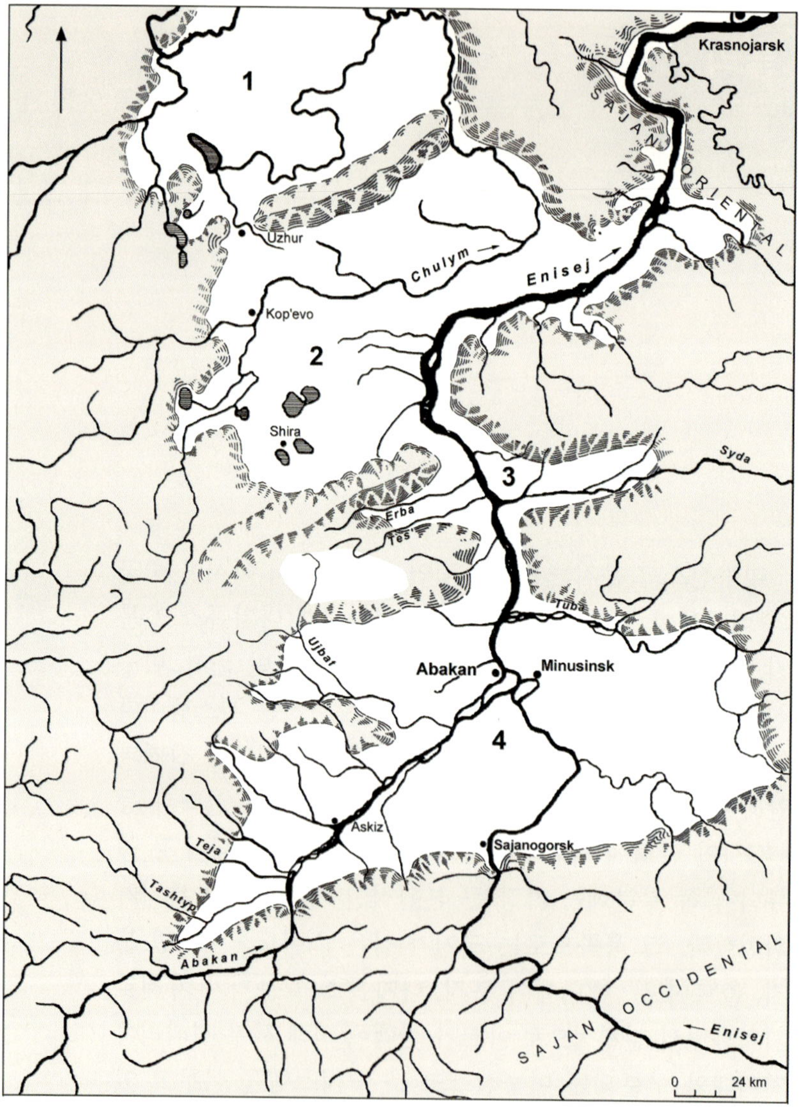

1. 나자롭스크 분지, 2. 출르이모 · 예니세이 분지, 3. 스이다 · 예르빈 분지,
4. 미누신스크 · 아바깐 분지

그림 3 미누신스크 분지들의 위치 상태

그림 4 나자롭스크 분지 모습

그림 5 출르이모 · 예니세이 분지의 벨르이 이유스 지역 ≪제5 순두크≫

과 벨르이 이유스 강 유역, 출르임 강 유역, 그리고 쉬라 호와 벨레 호에서 동쪽으로 예니세이 강까지의 스텝 구역을 포괄한다(그림 2, 3). 지형은 일정하지 못하며, 끼질까 강안 지역, 상(上)범람원 테라스, 산줄기(꾸즈네쯔끼 알라타우의 지맥) 등이 암벽 노두들 및 산간 계곡들 등과 함께 구분된다. 끼질까 강과 벨르이 이유스 강의 범람원들에는 낮은 늪지들, 작은 호수들, 범람원 초지들 등이 형성되어 있다. 초지 스텝들은 보다 습한 구역들로서 탈 성분 흑토 및 드물게는 높은 비옥도가 특징적인 일반적인 흑토로 되어 있다. 가장 많이 보이는 것은 여러 가지의 풀 · 곡초 및 풀 조합이다(하카시아의 식물, 1976, 99쪽). 식물의 종으로는 기본적으로 동유럽할미꽃(Pulsatilla patens), 큰조아제비(Phleum phleoides), 왕포아풀(Poa pratensis), 좀참새귀리(Bromopsis inermis) 등이 있고, 드물게는 나리새(Stipa capillata)가 있다.

스이도 · 예르빈 분지와 미누신스크 · 아바깐 분지는 큰 암석노두들과 작은 계곡들이 있는 산줄기들이 되풀이되는 구릉성 지형을 가진다(그림 6, 7, 8). 잔풀 스텝과 큰 풀 스텝들이 대부분의 지역을 차지하고 있다. 예니세이 강 우안에는 이 구역들에 특징적인 침엽수림 띠들이 구릉들을 덮고 있다. 침엽수림 띠들은 평지는 물론이고 밤색 유형과 남부 유형 흑토가 있는 경사면도 차지하고 있다. 남쪽 부분에서는 늪 · 염택 토양들, 진흙 포함 늪 토양들, 충진 범람원 토양들, 그리고 함염 토양들과 염택들이 확인된다. 기본적은 초류는 키가 작고 가뭄에 강한 김의털(Festuca valesiaca), 나리새(Stipa), 포아풀(Poa), 띠(Carex humilis Leys) 등과 같은 것들이다. 그 외에도 물칭개나물

그림 6 스이다 · 예르빈 분지 모습

그림 7 미누신스크 · 아바깐 분지 모습, 우이바트 강 유역

그림 8 서(西)사얀 산전(山前) 지역

(Veronica), 야생 파(Gagea), 쑥(Artemisia frigida) 등등이 있다. 이곳에는 골담초(Caragana pygmaea)도 일반적으로 보인다. 초류는 드물고 키가 크지 못한데, 토양 표면에서 10~15㎝ 이하의 높이이다.

이 지역의 동물상은 극히 풍부하다. 일반적인 시베리아의 동물들 이외에도 남부 지역들에는 몽골의 동물들도 들어온다. 스텝과 산악 지역들에는 털 동물들과 야생 당나귀, 말코손바닥사슴, 붉은사슴, 사향고향이, 산 염소, 야생 양, 곰, 멧돼지, 늑대, 여우, 산 고양이 등이 가장 많이 서식하고 있으며, 그 밖에도 고원지대에서는 눈 표범도 확인된다.

또한 주변의 산악들에는 고대 주민들의 수요에 반드시 필요한 구리, 금, 은, 다른 금속 광물들 등 다양한 종류의 유용 광물들도 많이 있다.

기후는 혹독한 대륙성 기후이고, 곳에 따라 건조하다. 분지의 표면은 해가 있는 여름 덕분에 심하게 데워지며, 년간 강수량은 240~300㎜를 넘지 않는다. 예니세이 강의 우안 지역은 보다 습하다. 겨울 동안의 강수량도 매우 적은 편이다. 강한 서풍은 눈의 활발한 이동, 재배치, 그리고 증발을 돕는다. 눈의 두께는 최소한의 것으로서 6~20㎝에 불과하며, 남쪽 코이발 스텝의 계곡에는 개별 년도들에 있어 눈의 두께가 10~15㎝에 불과할 때도 있다.

자연적인 스텝의 목장들은 동물사육에 있어 기본적인 사료 기지이며, 농경은 인위적인 관개를 필요로 한다(미하일로프, 1961, 146쪽).

고기후

유라시아의 대초원에 포함되는 남부 시베리아 동쪽 부분의 스텝 지대는 그 입지와 관련하여 일정한 특성을 가진다. 미누신스크 분지 유형의 스텝 지역들은 기본적으로 사얀·알타이 산간 분지들에 집중되어 있으며, 유라시아의 개활 스텝 공간들과는 달리 외부의 대양의 영향에 보다 "폐쇄적"이다. 때문에 그와 같은 지역들은 자연적 과정들의 변화를 연구하는 데 있어서 뿐만 아니라 자연적 과정들을 배경으로 하여 발전한 고대의 문화들을 연구하는 데 있어서도 특히 흥미롭다. 방사성탄소 연대 눈금들과 연결된 고기후 자료들은 미누신스크 분지 고고학 문화들의 발전 연대들과 대비되었다.

러시아·네덜란드 학술 조사단이 남부 시베리아 지역(미누신스크 분지와 투바)의 여러 호수 퇴적물들에 대해 실시한 암석학적, 광물학적, 지구화학적 분석 결과 확보된 자료들을 통해 연구 대상 지역들에 대한 기후 변화 및 고고학적

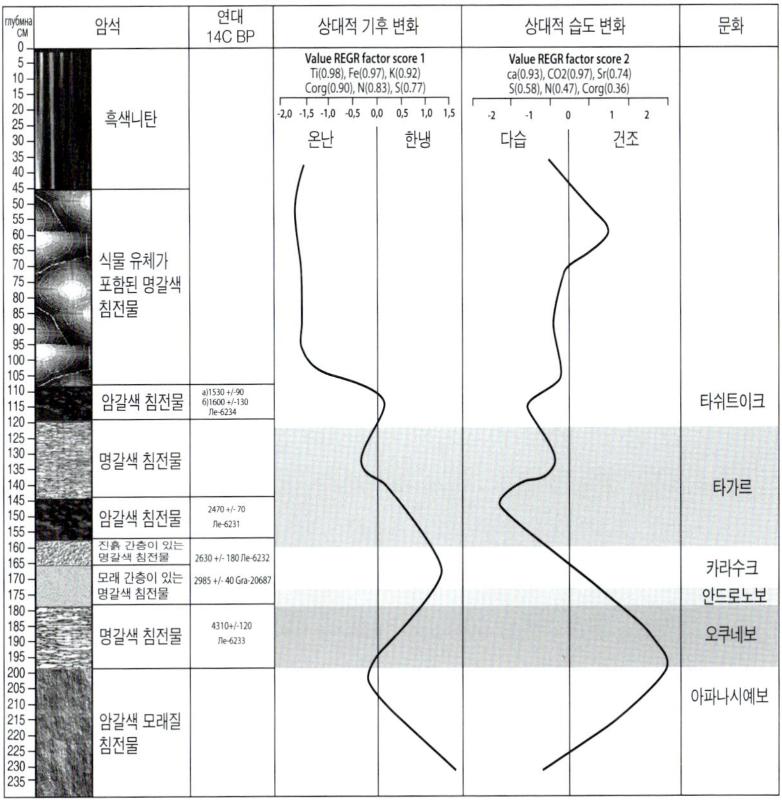

그림 9 꾸뚜줴꼬보 호수 시료에 대한 지질 화학 분석을 토대로 한 미누신스크 분지의 기후 변동 그래프

문화 발전의 세부 편년 체계가 확립되었다(보꼬벤꼬, 데르가체프, 디륵센, 자이쩨바, 꿀꼬바, 반 길 B, 반 데르 플리흐트 I., 2005, 96~102쪽; Van Geel, Zaitseva, Bokovenko. et al. 2005; 디륵센, Geel, 보꼬벤꼬, 추구노프, Cook, Plicht, Scott, 자이쩨바, 추구노프, 세멘쪼프, 꿀꼬바, 레베제바, 부로바, 2007, 340~364쪽). 고기후 조사는 본질적인 기후의

주기적 변화를 관찰할 수 있게 하였다(그림 9).

온난화와 상대적인 다습화는 대략 기원전 4천년기부터 시작되었다. 기원전 3천년기 말부터는 기후가 보다 추워지고, 대륙성 기후가 강화된다. 기원전 2천년기 중엽부터는 기후가 상대적으로 건조해지며 앞 시기에 비해 약간 따뜻해진다. 기원전 1천년기 초부터는 기후가 보다 다습하고 따뜻해지는데 목축의 계속적인 발전에 매우 적합하였다.

청동기시대(기원전 4~1천년기)는 전체적으로 지금과 비교하여 건조하고 추운 기후 조건이 특징적이었다. 이 시기에 이 지역에는 청동기시대의 문화들이 출현한다. 아파나시예보 문화는 남부 미누신스크 분지에서 기원전 4천년기 중엽부터 확인된다. 대략 기원전 3천년기 중엽에 건조한 기후 조건으로의 급격한 변화가 확인되고 기후의 대륙성이 강화된다. 고고학 자료에 따르면 기원전 3천년기 후반에 오쿠네보 문화가 출현한다. 안드로노보 문화는 기원전 1500~1400년 전에 미누신스크 분지의 북쪽 지역에 확산된다. 이 시기에는 기후가 다시 상대적으로 건조해지고 그리고 앞 시기에 비해 약간 따뜻해진다. 안드로노보 문화 다음에 기원전 14~10세기에는 미누신스크 분지에 청동기시대 후기 문화(카라수크 문화)가 전개된다. 이 시기에는 대략 BP 3000~2740년 전(기원전 13~8세기)으로 확인되는 기후 다습화의 시작 단계에 해당되며, 또한 목축의 계속적인 발전에 매우 좋은 조건인 한랭화와 상응한다.

청동기시대 말기와 스키타이 시대(기원전 1000년~기원 전후)에는 기후가 더 따뜻해지고 더 다습해진다. 대략 기원전 9~7세기에 이 지역에서는 최대의 다습화와 온난화가 확인된다. 고고학 자료에 따르면, 기원전 1천년기에 이 지역을 스키타이 시대의 수많은 유목 종족들이 차지하는데 이 종족들은 타가르 고고학 문화와 상응한다. 다습한 기후를 배경으로 하는 한랭화된 기후 조건들은 1900~1700년 전(서기 1~4세기)에도 관찰된다. 이 시기에는 고고학자들의 자료에 의하면 이 지역을 타쉬트이크 문화가 차지하는데 이 문화는 이곳에 기원전 1세기부터 서기 4세기까지 존속하였다.

연구사

이 지역에 대한 역사적 연구는 18세기 초의 러시아인들에 의한 시베리아 스텝 지역의 정복과 관련된다. 이 정복의 부정적인 측면은 고대의 무덤들과 쿠르간들을 도굴한 도굴꾼들의 출현이었다. 그 쿠르간들에서 나온 금제품들의 일부는 우랄에 공장들을 세운 니끼따 데미도프의 손에 들어갔는데 그는 1715년에 그 금제 유물들을 피터 1세에게 왕자의 탄생을 축하하며 선물하였다. 그 유물들은 스키토·시베리아 동물 양식으로 장식된 뛰어난 황금 패식들로서 고대의 쿠르간들에서 발견된 것들이었고, 나중에 에르미타쉬 박물관에 "피터 1세 시베리아 수집품"으로서 남게 되었다. 피터 1세는 보내 온 유물들의 역사적 의미를 높게 평가하였고 그리고 즉시 러시아 고대 유물들의 수집과 보호에 관한 일련의 칙령을 내렸다.

피터 1세는 곧 바로 상 뻬쩨르부르그에서 남부 시베리아로 D.G. 메스세르쉬미드트를 책임자로 하는 첫 번째의 학술 조사단을 파견하였다. 이 학술 조사단은 수년 간(1720~1727년)에 걸쳐 수많은 고고학 및 민족지학 유적들을 광범위하게 조사 및 기록하였을 뿐만 아니라, 1722년에는 이 학술조사단의 단원인 F.I.스뜨랄렌베르그에 의해 러시아에서는 처음으로 미누신스크 분지에서 스키타이 시대의 쿠르간에 대한 학술적 목적의 발굴 조사가 실시되었다. 그 때부터 이 지역은 상 뻬쩨르부르그에서 파견된 수많은 학술 조사단들 - G.F.밀레르와 I.G.그멜린(1733~1744년), P.S.빨라스(1770년), V.P.라들로프(1863년) 등등 - 에 의해 지속적으로 조사되었다. 1920년대부터는 시베리아와 사얀 · 알타이 지역의 고고학 유적들에 대한 조사가 S.A.떼쁠로우호프, M.P.그랴즈노프, S.I.루덴꼬, S.V.끼셀료프 등과 같은 걸출한 전문가 · 고고학자들의 이름과 관련된 새로운 단계가 시작된다. 이 시기에 S.A.떼쁠로우호프는 처음으로 고고학 자료에 대한 분석뿐만 아니라 야외 조사의 조직과 수행에 있어서도 일정한 과제와 목적을 가진 진정한 학술적 접근 방법을 개발하였다. 그는 작은 규모의 지역에서 복합적인 조사를 행함으로써 그리고 민족지학, 인류학, 언어학, 지리 명칭 등등의 자료를 참고함으로써 고고학 유적들에 대한 편년 체계를 확립하였다.

그렇지만 고대 문화 유적들에 대한 대규모의 구제 발굴 조사는 20세기에 엄청난 면적이 수몰될 것으로 추정된 끄라스노야르 수력발전소와 사얀 · 슈샤 수력발전소의 건설과 관련하여 이루어졌다. 미래의 수몰 지구에서 소련 과학원 고고학연구소 레닌그라드 지부(지금의 러시아 과학원 물질문화사연구소)의 끄라스노야르 고고학조사단(1958~1978년)과 사얀 · 슈샤 고고학조사단(1965~1978년)

이 20년 이상 조사 활동을 수행하였다. 이 지역 고대 문화들의 기본적인 발전 단계들을 밝힐 수 있는 엄청난 양의 고고학 자료들이 축적되었다.

연구 방법

수많은 세월 동안의 연구를 통해 미누신스크 분지의 문화들에 대한 시기 구분이 확립되었다. 현재 이 시기 구분은 남부 시베리아 스텝 지역의 다양한 유적들에서 확보한 일련의 수많은 방사성탄소 연대를 통해 뒷받침되고 세부 조정되었다(Alekseev, Bokovenko, Boltrik and etc. 2001; Gorsdorf, Parzinger, Nagler 2004; 알렉세예프, 보꼬벤꼬 외 2005; 뽈랴꼬프, 스비뜨꼬 2009)(그림 10).

연구 방법은 고고학 유적들에 대한 유형, 층위, 편년 그리고 그것들의 비교 분석에 기초하는데, 이를 위해 통계학적 방법을 위한 인자분석과 클러스터 분석 방법이 적용되었다. 또한 러시아과학원 물질문화사연구소와 전러시아학술조사지질학연구소가 공동으로 행한 남부 시베리아와 투바의 유적들에서 출토된 뼈 자료들에 대해서는 동위원소분석 결과들도 활용하고 있다. 이 방법은 다양한 유적들에서 발견된 피장자들의 기원을 부분적으로 밝힐 수 있게 하였고 그리고 청동기시대 후기와 초기 철기시대 이 지역의 민족 문화적 관계들을 확인할 수 있게 하였다.

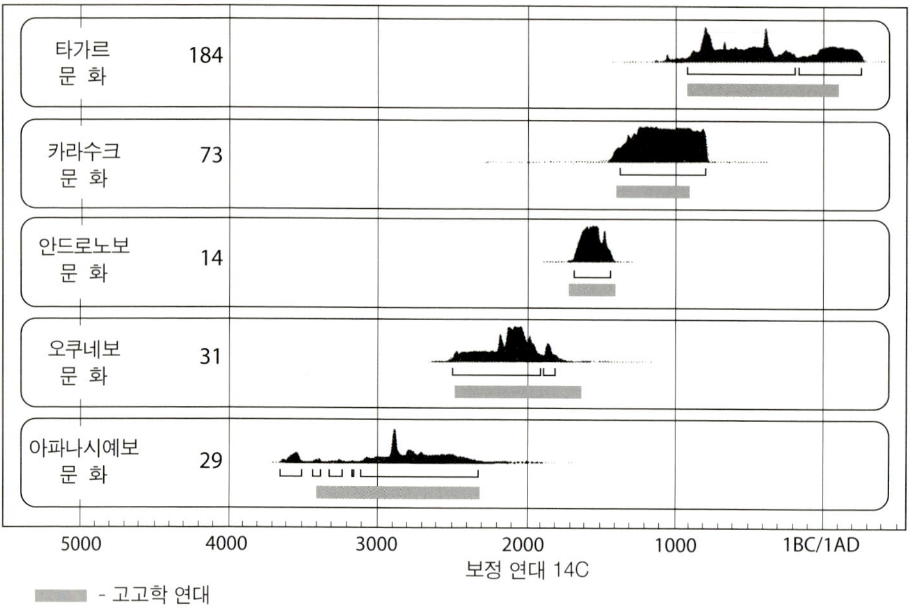

그림 10 방사성탄소 연대와 고고학 연대들을 통한 미누신스크 분지의 청동기시대 고대 문화들의 편년

고대의 문화들

수세대에 걸친 고고학자들의 노력 결과 그리고 자연과학적 방법이 우위를 점하고 있는 고고학 자료에 대한 분석 방법의 개량을 통해 떼쁠로우호프 · 그랴즈노프가 설정한 미누신스크 분지 고대 문화들의 시기 구분이 세부 조정되었다(떼쁠로우호프 1929; 그랴즈노프 1979; 알렉세예프, 보꼬벤꼬, 바실리예프 외 2005; 세멘쪼프, 자이쩨바, 게르스도르프, 보꼬벤꼬, 빠르진게르, 나글레르, 추구노프, 레베데바 1997; 스비뜨꼬, 뽈랴꼬프 2009)(그림 10):

구석기시대 : 5만~1만 년 전

중석기시대 : 기원전 8천~6천년기

신석기시대 : 기원전 6천~4천년기 전반기

동기시대 : 기원전 4천년기 중엽~3천년기 중엽(아파나시예보 문화)

청동기시대 전기 : 기원전 25~19세기(오쿠네보 문화)

청동기시대 중기 : 기원전 18~15세기(안드로노보 문화)
청동기시대 후기 : 기원전 14~10세기(카라수크 문화)
초기 철기시대(스키타이 · 사카 시대) : 기원전 10~3세기 (타가르 문화)
초기 철기시대(흉노 시대) : 기원전 3세기~서기 2세기(떼시 단계 혹은 문화)

물론 여러 고고학 문화들에 대한 절대 연대들은 새로운 자료들의 축적에 따라 세부 조정될 수가 있을 것이다.

이 지역에서 가장 오래된 구석기시대(아폰또보 문화와 꼬꼬레보 문화) 유적들은 현재 약 5만~4만 5천 년 전으로 편년되며, 훌륭한 고고학 유물을 포함하는 수십 곳의 층위 구분된 복합체들로 대표되는데, 이는 오랜 옛날부터 이 지역에 사람들이 일정 수준으로 거주하였음을 증명하는 것이다. 이곳의 스텝 지역에는 홀로센 전기(중석기시대와 신석기시대)의 장구한 기간(대략 기원전 8천~4천년)에 해당되는 고고학 유적이 사실상 확인되지 않았다(바실리예프 2001: 61). 비록 이 지역에서는 18세기부터 시작하여 수많은 학술 조사가 실시되었음에도 불구하고 말이다. 중석기시대와 신석기시대 전기의 개별 유적들(예를 들어, 냐샤, 끄라스노야르스까야, 우뉴크, 꼬라세보, 시자야, 마이나, 우이 2, 우스찌 · 헴치크 III, 토오라 · 다쉬 등등의 유적들)도 사실상 타이가 앞 지역과 산악 앞 지역들에 집중되어 있다. 스텝 지역에서는 혹독한 기후로 인해 사람들이 사실상 거주하지 않았을 것이다.

신석기시대 말이 되어서야 고대의 주민들이 예니세이 강 중류 지역의 스텝 분지들을 개척하기 시작하는데, 이에 대해서는 하카시아 스텝 호수들에서 발견되는 개별 유물들이 증명한다(리시쯔인 1988: 15~20). 그리고 마침내 청동기시대가 되어서야 보다 양호한 기후 덕분에 스텝 지역에 더 집중적으로 사람들이 거주하게 되었다.

아파나시예보 문화

동기시대 아파나시예보 문화(기원전 4천년기 중엽~기원전 3천년기 중엽)는 사얀·알타이 산맥의 스텝 지역에 분포한다. 이 문화는 이 지역에서는 첫 번째의 고금속기시대 쿠르간 문화이다. 이 문화는 유라시아의 목축문화 시스템에서 가장 동쪽의 문화에 해당되며, 이곳에서는 가장 오래된 유럽인종의 문화였다. 이곳에서 동쪽으로 동사얀 산맥 너머에는 몽골인종들이 거주하였다. 아파나시예보 문화는 20세기 20년대에 S.A.떼쁠로우호프가 예니세이 강변의 아파나시예바 고라 아래의 18기 무덤을 발굴한 다음에 분리하였다(떼쁠라우호프 1927: 76). 그 이후에는 이 문화를 그 이외에도 S.V.끼셀료프, V.P.레바쇼바, S.I.루덴꼬, V.S.아드리아노프, S.M.세르게예프, G.P.소스놉스끼, M.P.그랴즈노프 등등의 학자들이 연구하였다. 아파나시예보 문화 유적들은 기본적으로 미누신스크 분지와 알타이 지역에 집중되어 있다. 하지만 최근에는 아파나시예보 문화의 개별 유적들이 중부아시아 지역(투바, 몽골, 신장)에서도 조사되었다. 이 유적들은 아직은 수가 적지만 아파나시예보 문화의 발생 및 기원과 관련된 과정들을 이해하는 데 있어, D.G.사비노프의 의견의 따르면, 매우 중요하다(사비노프 1994).

아파나시예보 문화의 기원에 대해서는 3가지의 관점이 있다:

1. 서쪽에서, 야마 문화 주민들이 거주하였던 흑해 북안에서 도래한 문화이다(S.A.떼뿔로우호프, S.V.끼셀료프, A.P.오끌라드니꼬프, E.B.바데쯔까야, Yu.F.끼류쉰, V.A.세묘노프 등)(바데쯔까야 1979; V.세묘노프 1993). 이 가설은, 그들의 의견에 따르면, 물질적 및 정신적 공통성(장례 방식), 경제(목축 생산 경제), 비슷한 모양의 토기, 그리고 하나의 형질 인류학적 유형으로 발현되는 야마 문화와 아파나시예보 문화의 문화 · 역사적 단일성에 기초한다. 시베리아의 신석기시대 종족들은 목축을 알지 못하였으나, 아파나시예보 문화인들은 가장 처음부터 발전된 형태의 목축에 종사하였다. 그들은 큰 뿔 동물과 작은 뿔 동물을 길렀는데, 이 동물들의 기원은 남시베리아 지역과는 관련이 없다. 왜냐하면, 이 설을 지지하는 학자들의 의견을 따르면, 이 지역에는 가축화에 필요한 이 동물들의 조상의 형태가 없다. 이것은 준비된 모습의 문화를 가진 주민의 가능한 도래를 또 한 번 뒷받침한다. 그것이 형성된 장소는 사얀 · 알타이에서 서쪽 어디인가였을 것이고, 그 근원지는 야마 문화의 동쪽 경계였을 수 있을 것이다. 예를 들어, D. 안토니는 아파나시예보 인들을 레삔 유형 유적들로 대표되는 초기 야마 인들과 관련

짓는다(Anthony, 2007, 307~320쪽)
아파나시예보 그룹들의 복잡한 발생 특성을 보여주는 흥미로운 자료들이 최근에 인류학자들에 의해 확보되었다(솔로도브니꼬프 2005, 131~132쪽; 꼬진쩨프 2009).

2. 서쪽에서, 그러나 동유럽의 야마 문화 분포지역이 아니라, 남동카스피아해 유역에서 서시베리아, 카자흐스탄, 알타이를 지나 예니세이와 남서 몽골로 도래한 문화이다(I.N.흘로벤 1999). 이 가설은, 연구자의 의견에 따르면, 바로 이 지역이야말로 여러 가지 곡물과 가축의 농작물화 및 가축화, 금속의 이른 생산(구리와 청동), 아베스타의 발생 등 신석기시대부터 생산 경제의 고향이었다는 사실로 뒷받침된다. 그는 예니세이까지의 이 모든 길에서 수많은 언어학적 일치점들(수명과 지명 자료들)을 찾아내었는데, 그것들은, 그의 의견에 따르면, 아베스타의 유명한 투르 민족이 동쪽으로 이동하면서 남긴 것이다.

3. 토착(중부아시아) 기원의 문화이다(V.I.몰로딘, N.A.보꼬벤꼬, P.E.미따예프)(보꼬벤꼬, 미따예프 2010). 이 가설의 논리는 다음과 같다. 유럽인종은 이미 신석기시대에 (혹은 더 이른 시기에) 중부아시아와 시베리아에로 침투하였다(알렉세예프 1981). 새로 조사된 유적들(투바의 또오라 · 다쉬, 예니세이의 말리노브이 로그)은 이미 신석기시대에 둥근 울타리(護石)가 존재하였음을 그리고 이 시대들의 유적들 사이에 유사한 특성 - 거친 바위돌과 수평으로 쌓은 납작한 돌로 이루어진 직경 10~12m 이하의 작은 호석, 개별 매장, 적토(赤土)의 존재, 고식의 향로, 무덤 음식의 부재 - 의 장례 방식이 있었음을 말한다(보꼬벤꼬, 낄루놉스까야 외 2009). 또한 앙가라 강

유역의 신석기시대 매장 복합체(뽀노마레보 고분군 3호, 7호, 16호 무덤) 출토품과 유사한 석기공작들(화살촉과 창)의 존재(오끌라드니꼬프 1974)도 있다. 피장자들의 자세는 바이칼 유역의 렌꼬브까 고분군(2호 무덤)과 포포노바 고분군의 몇몇 신석기시대 무덤들과 비슷하다(오끌라드니꼬프 1974; 게라시모프, 체르느이흐 1975). 알타이와 예니세이의 가장 오래된 아파나시예보 문화 복합체들에 대한 방사성탄소 연대들은 그것들이 이미 기원전 4천년기 초 · 중엽에 존재하였음을, 다시 말해서 야마 문화의 유적들보다 조금도 더 늦지 않게 존재하였음을 증명한다(예르몰로바, 마르꼬프, 1983, 96쪽; 보꼬벤꼬, 미따예프, 2010). 게다가 향로 혹은 굽다리 완은 동유럽의 후기 야마 문화에서는 기원전 3천년기 말에야, 다시 말해서, 아파나시예보 문화의 것보다 훨씬 늦게 등장하였다(카이제르, 2005, 125쪽).

위에 열거된 모든 자료들은 아파나시예보 인들이 머나먼 서쪽에서 도래하였다는 전통적인 관념과 모순된다. 당시 흑해 북안의 야마 문화에서는 아파나시예보 문화의 수많은 고식적 특징들이 관찰되지 않는다. 아마도 이 공통성의 근원은 유럽이 아니라 (광의의 의미에서의) 중부아시아 지역 혹은 심지어는 첨저토기가 훨씬 더 빨리 나타나는 남동아시아에서, 죠몽 유형의 복합체들에서(쥬꼬프, 1998, 30~32쪽), 혹은 극동에서, 예들 들어, 중석기시대 오시뽀브까 문화(기원전 1만 2천~1만전 전) 복합체들에서(랍쉬나, 2011) 찾아야 할 것이다.

따라서 아파나시예보 문화의 형성 문제는 아직 미해결

상태이고 그리고 새로운 접근들과 유라시아 스텝 지역 유적들에 대한 종합적인 연구를 필요로 한다.

미누신스크 분지의 아파나시예보 문화 고분군들은 강안

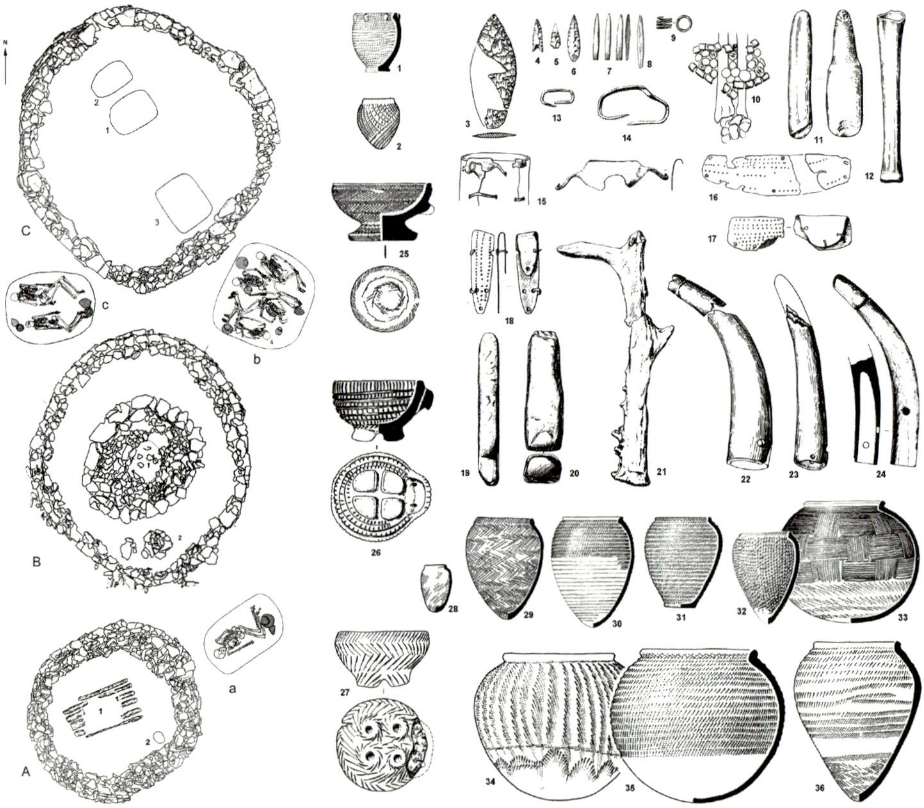

A. 말리노브이 로그 고분군, 5호 호석; a. 말리노브이 로그 고분군, 3호 호석, 1호 무덤; B. 카라수크 III 고분군, 12호 호석; b. 아파나시예바 고라 고분군, 24호 무덤; C. 말리노브이 로그 고분군, 3호 호석; c. 아파나시예바 고라 고분군, 27호 무덤. 부장품: 1~2, 26~36. 토기, 25~27. 향로, 3. 규석제 창촉, 4~6. 규석제 화살촉, 7~8. 골제 화살촉, 9. 은제 귀걸이, 10. 의복 소매 장신구(파스타 구슬들과 철제 꺾쇠들), 11. 석제 방망이, 12. 골제 대롱, 13~14. 구리로 만든 꺾쇠들, 15~18. 구리로 만든 목제 용기 덮개들, 19~20, 23. 아파나시예바 고라; 2~3, 8, 27~31, 34~36. 말리노브이 로그; 7, 32. 카라수크 III; 12, 18, 22, 24, 33. 스이다 I; 21. 사르고프; 25~26. 레뜨니끄 VI

그림 11 아파나시예보 문화. A~C. 무덤 호석들

을 따라서 그리고 스텝의 깊숙한 지역들에서 확인된다. 아파나시예보 쿠르간들은 기저에 둥근 바위 돌, 큰 강돌 혹은 흔히 수평으로 쌓은 판돌들로 고리 모양의 호석을 돌린 조그마한 봉토 언덕 모양을 하고 있다. 간혹 판돌을 수직으로 세워 만든 호석이 있기도 하다(그림 11). 원래는 호석의 높이가 1m, 직경이 5~20m였다. 호석의 가운데에는 통상 하나 혹은 둘, 드물게는 셋의 무덤이 위치하였다. 무덤의 형태는 방형에 가깝다(2~4m). 무덤은 통나무 격자맞춤으로 덮었고, 그 다음에는 자그마한 봉분을 쌓았는데, 간혹 봉분을 판돌로 덮기도 하였다. 이 기본 무덤들 외에도 호석의 안쪽에 혹은 바깥쪽에 추가 무덤을 만들어 아이들을 매장하기도 하였다. 무덤에는 한 명에서 여덟 명까지의 사람을 매장하였다. 피장자들은 무릎을 접은 채 등을 아래로 한 자

그림 12 누마흐이르 고분군 출토 계란 모양 토기

그림 13 카라수크 III 고분군 출토 계란 모양 토기

세 혹은 옆으로 웅크린 자세로 누워있다(그랴즈노프 1999: 47). M.P.그랴즈노프의 의견에 따르면 이것은 장례 때에 시신을 그 어떤 좌석에 혹은 바로 웅크린 자세로 앉히었기 때문으로 설명된다. 그와 같은 자세로 굳어진 고인을 무덤에 옆으로 혹은 등을 아래로 하여 안치해 놓았고(Gryaznov 1969: 48), 간혹 시신에 적토를 뿌리기도 하였다. 두향은 흔히 서향이었으나, 집단 무덤에서는 두향이 다를 수도 있었

그림 14 아파나시예바 고라 고분군 출토 구상 토기

그림 15 까므이쉬따 고분군 출토 구상 토기

그림 16 벨뜨이르이 고분군 출토 구상 토기

그림 17 카라수크 Ⅲ 고분군 출토 토제 향로

다. 피장자의 곁에서는 벽에 음식물 흔적이 있는 토기 혹은 목기, 돌도끼, 공이, 갈판, 구리 송곳, 여러 가지 장신구들(심지어는 은과 금으로 만든 것도 있다) 등이 발견된다. 용기는 계란 모양(3리터 이하)(그림 12, 13)과 구상(3~200리터)(그림 14~16)이 있는데 액체 음식을 위한 것이다. 용기들은 표면이 모두 전나무 무늬 혹은 여러 가지의 빗질무늬와 "행진하는" 다치 압인무늬로 장식되어 있다. 드물게는 여러 가지 무늬로 장식된 향로, 즉 하나 혹은 네 개의 다리가 있는 낮은 완도 발견된다(그림 17). 향로는 측면에 매달기 위한 특별 구멍이 있었다. 그 외에도 가축(양, 소, 말)의 뼈가 출토되는 것으로 보아 무덤에 고기음식 덩이도 놓았음을 알 수 있다(아파나시예바 고라, 카라수크 III, 체르노바야 VI, 떼시 I 등). 이는 아파나시예보 인들이 모든 기본적인 종의 가축들을 사육하였음을 말한다.

그렇지만 무덤들에서 야생 황소, 다람쥐, 여우(아파나시예바 고라), 유럽들소(카라수크 III)와 같은 야생동물의 뼈들도 발견되었다. 따라서 아파나시예보 인들에게서 사냥은 아직 사람들의 수요를 완전하게 충족시킬 수 없었던 목축과 동일한 의미를 지니고 있었다. 이는 목축 시작 단계들 중의 하나였다.

거주지와 체류지는 모두 임시적(계절적)이었으며, 주거지 흔적은 발견되지 않았다. 모닥불 자리와 노지 자리가 남아있는데, 부근에서 석기공작의 잔재물들이 출토되었다.

고생물학 자료는 아파나시예보 인들에게 큰 뿔 가축이 우위를 점하는 생산 목축 경제가 있었음을 증명한다. 토기 호에서는 내벽에 남아있는 더껑이를 통해 볼 때에 죽이나 우유가 아니라 야채 혹은 고기를 삶았다.

의복은 털과 가죽으로 만들었다. 농경에 대해서는 직접적인 증거가 없다. 발견된 뿔 망치, 갈돌을 닮은 돌들은 뿌리작물과 야생 곡물을 으깨는 가사 도구로 사용되었을 수 있을 것이다.

고분군들에서 출토된 형질 인류학적 자료들에 대한 통계 분석은 그들의 수명이 꽤 짧았음을 말할 수 있게 하는데, 예를 들어, 60살에 도달한 노인들이 매우 적게 발견되었다. 물론 가장 높은 사망률을 보인 것은 아이들, 특히 젖먹이들이었다. 성인들의 사망 연령은 40~60세였다(그랴즈노프, 1999, 61쪽)(그림 18).

가족 혹은 씨족의 구조에 대해 판단할 수 있게 하는 자료

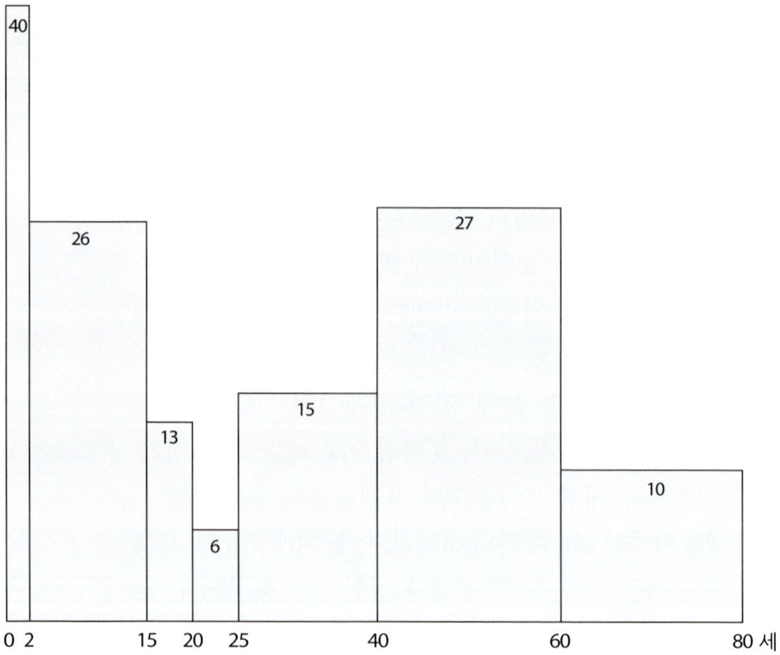

그림 18 아파나시예보 문화의 다양한 연령 그룹 피장자들의 사망률 도표

는 없다. 합장은 드물며, 아이들을 여성 혹은 남성과 함께 매장한 예가 있다.

매장 유적들은 아파나시예보 인들의 재산적 분화를 반영하지는 않지만, 기능적 차이와 사회적 분화의 시작에 대해 증명한다. 몇몇 여성의 무덤들에서는 하나 혹은 네 개의 다리가 있는 토제 향로가 발견되는데, 이는 공동체에서 일정한 의례적 기능을 행하였던 여성 제관이라는 특별 범주의 사람을 구분할 수 있게 한다.

이 시기에 표현 예술은 잘 구분이 되지 않지만, 보야르이 꼬로바 바위 그림 복합체의, 보다 이른 신석기시대의 형상들의 위로 겹 놓여 표현되어 있는, 몇몇 황소 표현들과 남카자흐스탄에서 투바, 몽골, 한국까지의 광대한 지역에 알려져 있는 암석과 암벽에 난 몇몇 구멍들은 이 시기에 속할 가능성도 있다(사마쉐프 외, 2011, 107쪽, 344쪽).

아파나시예보 문화는 아주 오랫동안 존속하였다. 그리고 비록 유적들이 천편일률적이지만, 속성들의 총체로 본다면 2개의 편년적 단계가 구분된다. 전기는 말리노브이 로그 유형 유적들이고 후기는 체르노바야 VI 및 카라수크 III 유형 유적들이다. 이 문화 발전에서의 기본적인 경향은 호석 구조의 개선, 토기 제작의 형태 및 질의 개량, 무덤에의 피장자의 수의 증가, 다음 단계 전기 청동기시대 오쿠네보 문화와 관련된 몇몇 특징들의 등장 등이다.

이웃하는 알타이 지역에는 아파나시예보 문화의 유적들이 약간 연대가 더 이르고 그리고 공통의 및 차이가 나는 특징들을 가지고 있다. 공통의 특징에는 다음의 것들이 있다: 두 가지 유형의 호석의 존재(수평으로 쌓은 호석과 수직으로 세운 호석), 피장자의 자세가 등을 아래로 한 자세와 드물게는 무릎을 접은 상태로 오른쪽으로 웅크린 자세, 두향이 남서향 혹은 서향, 비슷한 문양 모티브를 가진 첨저와 원저 토기의 존재, 금과 은으로 만든 금속 장신구들 등도 마찬가지이다.

차이점은 산악 알타이 지역에는 수직으로 세운 판돌들로 된 호석들이 우위를 점하고 있고, 무덤들의 크기가 작은 편이고, 단장 무덤들의 수도 적고, 부장된 토기들의 수량도 적으며, 토기의 모양도 다르다(알타이의 토기들에는 구연부가 더 잘 구분되고 그리고 높다). 이 모든 것들은 알타이 유적들의 고졸성에 대해 증명한다.

투바와 몽골의 유적들도 몇몇 차이가 나는 특징들을 가지고 있다. 이러한 사실, 그리고 아파나시예보 유적들이 분리된 지역이 거대하고, 또한 유적 그룹들 사이에 지역적 단절성이 존재한다는 사실을 염두에 둔다면, 아파나시예보 문화에 대해서가 아니라 아파나시예보 문화・역사 공동체에 대해 말할 수 있을 것이다.

본질적으로, 이동적이고 반유목적 유형에 해당될 목축적 공동체의 등장과 발전은 서로 관련이 있는 것으로 보아야만 할 것이다. 아파나시예보 자료들의 특성은 유라시아의 스텝 및 산악・스텝 지역들이 이미 이른 금속기시대부터, 친족적 주민 그룹들이 거주하였고 단일 벡터적 이주 대신에 주기적인 상호 영향이 있었던, 단일한 민족문화적 공간이었음을 보여준다.

오쿠네보 문화

오쿠네보 문화(기원전 25~17세기)의 분리는 오랜 역사를 가진다. 첫 번째 고분 유적들(야르끼)에 대한 발굴 조사들은 바테니 마을 부근에서 이루어졌고(1913년에 예르몰라예프, 1923년에 떼쁠로우호프가 각각 발굴 조사), 그 이후에는 S.A.떼쁠로우호프가 오쿠네보 유목 촌락 가까이에서 이 문화의 몇몇 복합체들을 발굴하였다. 이 자료들은 M.N.꼬마로바로 하여금 나중에 안드로노보 문화 오쿠네보 단계를 분리하게 하였다(꼬마로바, 1947).

이후에는 오쿠네보 문화 유적들을 M.N.꼬마로바, M.P.그랴즈노프, E.B.바데쯔까야, L.P.쟈블린, N.V.레온찌예프, Ya.A.쉐르, L.R.끄이즐라소프 등등이 조사하여 이 문화에 대한 원천 자료의 수량을 크게 증가시켰다.

독자적인 고고학 문화로서의 오쿠네보 유적들은 비교적 얼마 전에 미누신스크 분지 지역에서 분리되었다(막시멘꼬프, 1964, 243~248쪽; 막시멘꼬프, 1970; 막시멘꼬프,

1975). 1960년대까지는 오쿠네보 유적들을 혹은 안드로노보 문화의 이른 단계로(꼬마로바, 1947), 혹은 아파나시예보 문화의 마지막 단계로(리쁘스끼, 1961, 269~278쪽) 각각 간주하였다. 따라서 오쿠네보 유적들을 아파나시예보 문화와 안드로노보 문화 사이에 설정한 상대적인 편년은 가장 처음부터 거의 일정하였던 것이다.

A.N.리쁘스끼의 조사내용은 수많은 논쟁을 불러 일으켰는데(리쁘스끼, 1961, 271~276쪽), 그는 몇몇 고분군들(따스 · 하자아, 까므이쉬따)의 무덤들에서 아파나시예보 유형과 오쿠네보 유형의 토기들이 함께 부장되어 있는 것을 확인하였다. 이를 근거로 이 두 문화가 장기간 공존하였다는 의견이 제시되기도 하였다(흘로브이스띠나, 1973; 소꼴로바, 2009, 25쪽). 하지만 대부분의 전문가들은 이 두 문화가 순차적으로 교체되었다는 의견을 지지하고 있으며(막시멘꼬프, 1964; 세묘노프, 1997; 라자레또프, 2001), 이는 아파나시예보 문화와 오쿠네보 문화 고분군들에서 확보한 일련의 방사성탄소 연대들에 의해 다시 한 번 증명되었다(스뱌뜨꼬, 뽈랴꼬프, 2009).

오쿠네보 문화 무덤들의 피장자들은 아파나예보 인들과는 다른 인종적 유형에 속하였고, 그리고 두 유형의 유전적 관계는 의심의 여지없이 서로 차이가 난다. 왜냐하면 주민들의 형질 인류학적 유형이 약간의 몽골인종 혼합의 비율을 가지기 때문이다. 말하자면 당시에 발생하였던 역사적 과정들은 훨씬 더 복잡하였고 그리고 오쿠네보 단계는 아파나시예보 문화의 발전으로 설명할 수가 없다.

E.B.바데쯔까야의 의견에 따르면, 오쿠네보 문화는 신석기시대의 생활 면모를 간직하였던 현지 종족들(사냥 · 어로

종사자들)과 아파나시예보 종족들의 상호작용 결과 형성되었을 것이다(바데쯔까야 1986: 28). 의례와 토기의 몇몇 세부요소에서 일정한 유사성이 포착되는 점도 부정할 수는 없다. 동일하지는 않지만 피장자의 자세, 다리와 손의 위치가 서로 흡사하다. E.B.바데쯔까야는 아파나시예보의 향로가 오쿠네보 문화 향로의 원형이 되었다고 생각하는데, 이 두 문화의 향로는 크기, 완 및 굽다리의 비율이 동일하고, 숭배적 의미가 비슷하며, 또한 토기의 문양 모티브(수평 홈선, 체스 무늬, 다치구 시문)도 유사하다(바데쯔까야, 1986, 35쪽).

일단의 연구자들 의견에 따르면, 이 문화의 형성에는 서쪽의, 동유럽의 카타콤브 문화의 영향이 있었고(라자레또프, 1995; 사비노프, 1997), 다른 연구자들의 의견에 따르면, 오쿠네보의 문화 복합체에, 특히 토기 제작 기법에 동시베리아와 극동의 문화가 영향을 끼쳤다(소꼴로바 2009). 모든 경우에 있어 이 문화는 그 토대가, 비록 일부 현지의 요소들이 포함되기도 하였지만, 도래한 것이었다.

가장 이른 시기의 오쿠네보 유적들에는 이미 양질의 주조된 구리 유물들이 있지만, 아파나시예보 인들에게는 단련하여 만든 판 모양의 얇은 구리 유물들만이 소량 있었을 뿐이었다. 이는 오쿠네보 인들이 아파나시예보 인들이 도래하기 전에 구리 주조 기술을 습득하고 있었음을, 그리고 발전 정도가 뒤처지지 않았을 뿐만 아니라 보다 진보적인 종족이었음을 의미한다. 따라서 이 문화의 형성 문제는 아직 해결되지 못하였고 그리고 종합적인 연구를 필요로 한다.

오쿠네보 문화의 고분군들은 작은 묘역들이며(우이바트 Ⅲ · Ⅴ, 체르노바야, 베르흐니 아스키즈 등), 몇몇 쿠르간

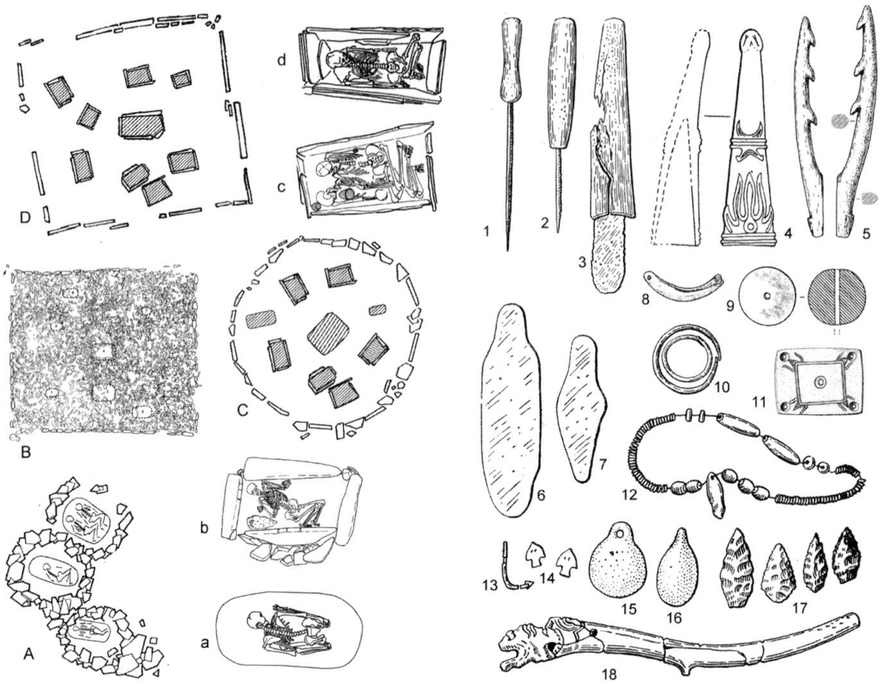

A. 끄라스느이 야르, B. 우이바트 I(키비크), C~D. 체르노바야 Ⅷ, a. 따스・하자아, b. 우이바트 V, c. 스이다 V, d. 우이바트 V. 부장품: 1~2. 청동 송곳, 3. 청동 손칼, 4. 뿔로 만든 지팡이 끝장식, 5. 뿔로 만든 작살, 6~7. 청동 단검, 8. 뿔로 만든 펜던트, 9. 석제 구상 유물, 10. 구리 귀걸이, 11. 석제 호부, 12. 광물들과 파스타로 만든 목걸이, 13. 구리 낚시 바늘, 14~16. 호부들, 17. 규석제 화살촉, 18. 뿔로 만든 형상적 모양의 홀. 부장품 출토 매장 복합체들: 1~4, 6~7, 12~18. 체르노바야 Ⅷ, 5. 베르흐니 아스끼즈 I, 8. 모호프 Ⅵ, 9. 예시노 Ⅳ, 10. 우이바트 Ⅲ, 11. 우이바트 V

그림 19 오쿠네보 문화. 무덤 구조물들과 출토 유물들

들 혹은 수직의 판돌을 세워 만든 큰 방형(드물게는 원형) 호석들(일반적으로 10×10m, 간혹 40×40m까지)로 이루어져 있고, 호석들 안에는 20기까지의 무덤들이 확인된다(그림 19). 무덤들은 토광, 석상(石箱), 매우 드물게 카타콤브 모양이다. 무덤구덩이 안에 수직의 사암 판돌로 장방형 상

그림 20 오쿠네보 문화. 우이바트 V 고분군의 무덤

자 모양의 벽을 만드는 전통이 생겨나고, 무덤 바닥에는 판돌들을 깔고, 피장자의 머리 아래에는 돌 "베개"를 두었다(그림 20). 인물형의 표현물 혹은 다른 소재의 표현물들이 있는 판돌들로 만들어진 상자 벽들이 발견된다. 무덤의 뚜껑돌도 흔히 판돌이었다.

기본적으로 이것은 성인과 아이들의 개별 무덤들이고 집단무덤은 적다. 피장자들은 등을 아래로 하고 무릎을 크게 접은 상태로 매장하였다(그림 20). 피장자의 얼굴과 몸은 적토로 채색을 하였을 수도 있는데, 몇몇 두개골에서 그 흔적이 확인되었기 때문이다. 채색의 종류는 석상 혹은 바위그림에 있는 인물형 표현물들을 참고하여 복원할 수가 있다. 피장자들은 옷을 입은 채로(털 혹은 가죽 옷), 다량의 숭배 물품과 "사냥" 마법의 호부들을 지닌 채로 매장되었

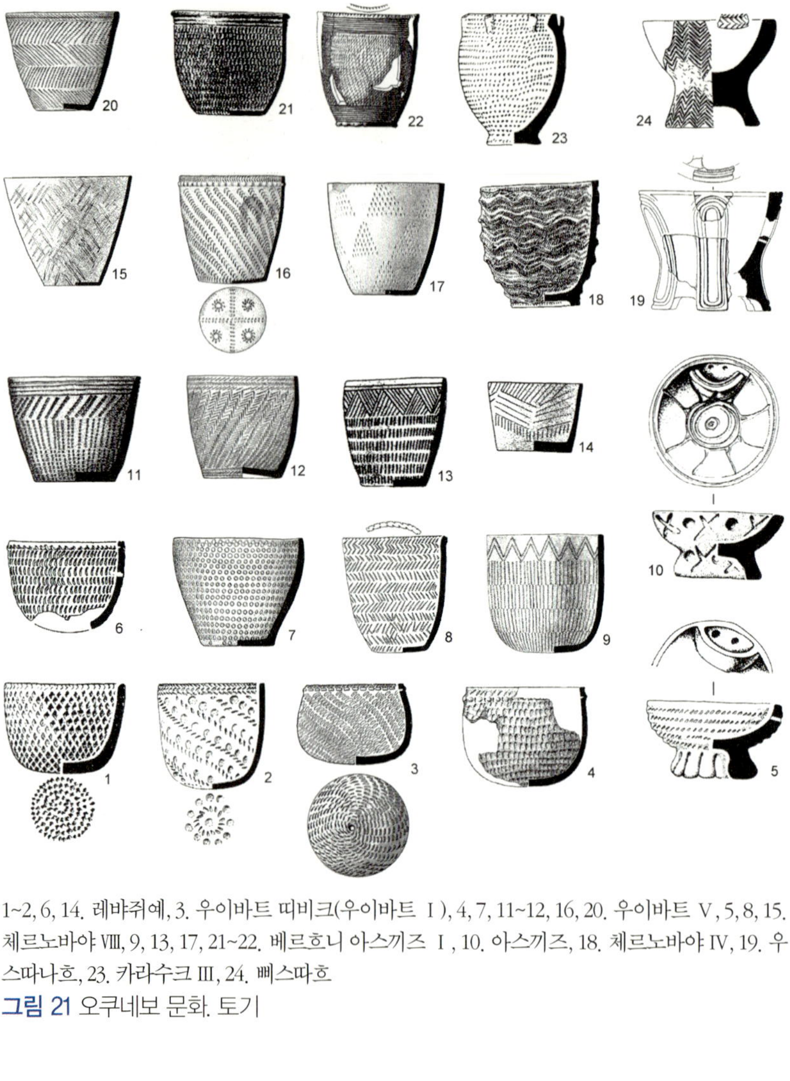

1~2, 6, 14. 레뱌쥐예, 3. 우이바트 띠비크(우이바트 I), 4, 7, 11~12, 16, 20. 우이바트 V, 5, 8, 15. 체르노바야 VIII, 9, 13, 17, 21~22. 베르흐니 아스끼즈 I , 10. 아스끼즈, 18. 체르노바야 IV, 19. 우스따나흐, 23. 카라수크 III, 24. 뻬스따흐

그림 21 오쿠네보 문화. 토기

다. 부장용 고기 음식은 드물지만, 가축과 야생 동물의 뼈들이 발견된다. 하지만, 아파나시예보 문화에서와는 달리, 식용의 고기 음식들은 사실상 무덤에 넣지 않았다. 스물 두

그림 22 체르노바야 Ⅳ 고분군 출토 토기

그림 23 체르노바야 Ⅳ 고분군 출토 토기 바닥

번의 경우에 쿠르간 봉분과 무덤 내부 퇴적토에서 가축 양(작은 뿔 동물)의 뼈들이 발견되었는데, 놀이 도구로 사용되었을 양의 지골들이 특히 자주 발견된다. 곰의 뼈, 학의 두개골, 수달, 삵괭이, 사슴, 늑대 등등의 두개골 등 숭배적 동물의 것으로 보이는 뼈들도 발견되었다(바데쯔까야, 1986, 29쪽).

사실상 모든 무덤들에서 여러 가지 문양으로 표면 전체(심지어는 바닥도)가 장식된 평저 발형토기가 출토되었다. 문양에는 수평으로 배열된 "전나무" 모양의 압인 무늬들, 홈선들, 체스판 무늬, 지그재그 무늬, 융기무늬 등등이 있다(그림 21~23). 형태와 문양이 특징적인 노보셀롭스까야 그룹, 벨뜨이로 · 까므이쉬찐스까야 그룹, 우이밧스꼬 · 레바진스까야 그룹 등 3개 그룹의 토기들이 구분된다(레온찌예프 S, 2006, 260~272쪽).

속이 빈 굽다리 위에 낮은 완이 부착된 모양의 특별한 유형의 토기, 즉 향로도 발견된다(그림 24). 완의 내부에는 특별히 만든 측면 칸막이가 있다. 외면은 무늬로 장식을 하고 황토로 채색을 하였다. 오쿠네보 문화 완·향로에 보이는 채색, 향을 피운 흔적, 표현물의 태양 상징 등은 이 유물이 의례적 기능을 수행하였음을 증명한다.

남성들에게는 청동 "단검", 무기(활과 화살), 뼈 작살, 골기 및 석기, 장신구(청동 귀걸이), 그리고 다양한 호부를 부장하였다. 여성들에게는 청동 손칼, 송곳, 바늘, 다양한 장신구(청동 귀걸이, 청동 및 옥 관자놀이 장식 고리), 그리고 여러 가지의 호부를 부장하였다(바데쯔까야 1986).

의례적 동물 매장 의식을 보여주는 유일한 유적은 1978년에 N.V. 레온찌예프가 발굴한 미누신스크 부근의 "바자민또르가" 복합체이다(Nagler, 1999, 14~27쪽). 이곳에서는 11개의 구덩이에서 가축들의 뼈들이 발견되었다. 5호 구덩이에서는 6개의 황소 두개골이 지골들과 함께 일정한 질서를 유지하며 중앙을 향한 채 놓여 있었다. 굽들과 함께 두개골을 매장한 것은 동물 가죽의 의례적 매장을 의미하고 그리고 의례적 희생 의식을 나타낼 것이다. 매장 후에는 구

그림 24 하카시아 L.R.끄이즐라소프 민족 지역학박물관 전시관의 향로

그림 25 라즐리프 X 고분군 출토 뿔로 만든 의례용 펜던트

덩이를 돌로 빽빽하게 채워 넣었다. 1호 구덩이에는 말과 양의 가죽이 매장되어 있었다. 7호 구덩이에서는 황소의 가죽 4벌 흔적이 발견되었다. 10호 구덩이에서는 토막으로 자른 양의 뼈들이 있었다. 바자 민또르가 복합체의 매우 드문 유물은 미누신스크 분지의 이른 시기 문화들에 있어서의 목축 발전의 문제들을 이해하는 데 큰 의미를 가진다.

사회적 계층 분화는 미약하였다. 다량의 호부와 유물을 부장한 무덤들이 발견되는데, 이 무덤들은 특별한 사람들, 성직자들의 무덤이라고 해석할 수 있을 것이다. 또한 군사적 속성들(단검, 화살촉, 권력의 표식)이 발견되는 남성 무덤들도 구분되는데(그림 25), 이는 오쿠네보 사회에서 남성들이 일정 정도 우월하였음을 말할 수 있게 한다.

표현 예술 유적들은 매우 다양하고 독특하며, 오쿠네보인들의 높은 예술적 발전의 수준에 대해 증명한다. 예술품은 몇 가지의 종류로 구분된다: 사람 얼굴(가면)이 있는 석상(石像)들, 작은 돌 머리들, 여성의 얼굴을 새긴 뼈 판들, 뼈와 돌을 조각하여 만든 새와 짐승의 형상들, 납작 돌과 석상에 새긴 환상적인 맹수들, 납작 돌에 얇은 선을 그어 표현한 황소 혹은 소와 같은 사실적 동물 표현들 등(그림 26~29). 또한 새긴 혹은 채색을 한 다량의 바위 그림들도 있다. 다양한 소재와 수많은 기호들은 세계관의 복잡한 형상 시스템에 대해 증명한다(사비노프, 1997, 203쪽).

미누신스크 분지에서는 석상(石像)이 이미 300개 이상 발견되었다(레온찌예프, 까뻴꼬, 예신, 2006). 이것은 높은 돌 기념비(높이 5m 이하)로서, 표면에 사람 모양의 세 눈 얼굴과 기호 표현들이 새겨지거나 갈려져 있다. 그 중의 많은 것들에는 표현물의 얼굴에, 표현물에 무서운 비실재적

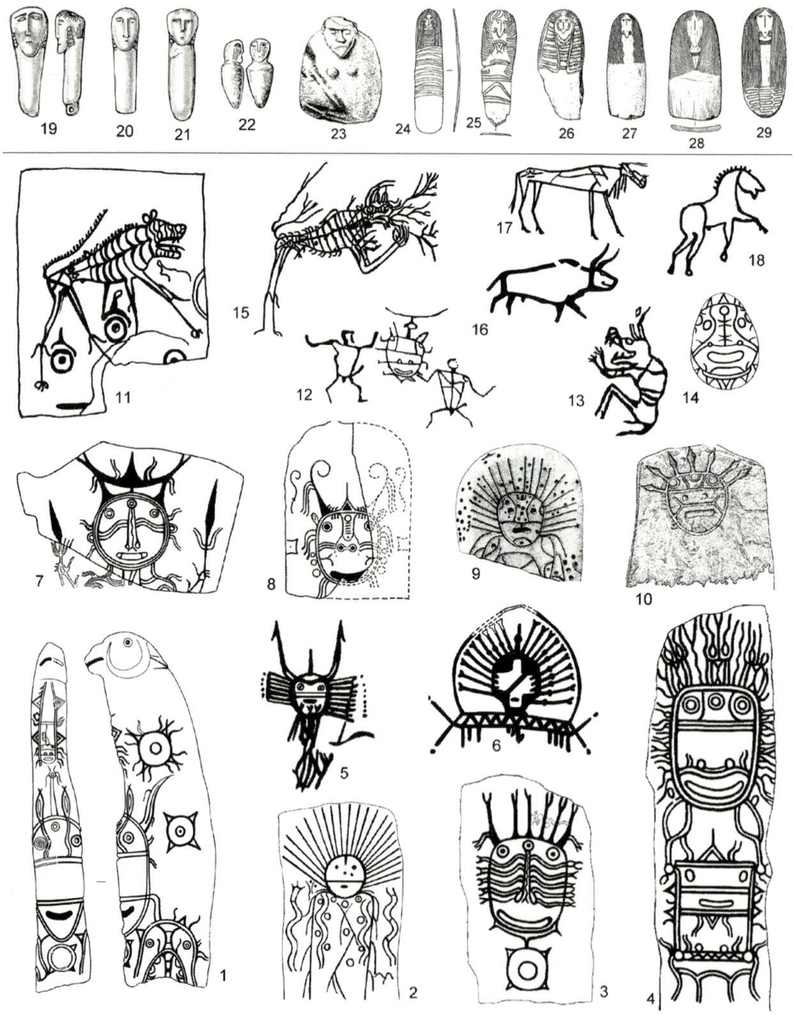

1. 비리, 2. 온하꼬프, 3, 27, 29. 베르흐니 아스끼즈 I, 4. 따즈미나, 5~6. 샬라볼리노, 7, 11, 19~21, 25. 체르노바야 VIII, 8. 말라야 예시, 9. 오제로 쵸르노예, 10. 솔레노오제르노예, 12. 아쉬빠, 13. 뜨레찌 로그, 14. 아스끼즈, 15. 브이르까노보, 16. 체레무쉬느이 로그, 17, 22. 라즐리프 V, 18. 뚜랴, 23, 26. 체르노바야 XI;, 24. 체바끼, 28. 아바깐

그림 26 오쿠네보 문화. 표현예술과 조각예술

그림 27 베르흐니 아스끼즈 ㅣ 고분군 출토 여성 머리 표현이 있는 골판들

모습을 부여하는, 어떤 이상한 띠들이 지나간다(그림 26, 30~36). 하지만 이 모든 것들은 쉽게 그리고 단순하게 설명이 된다. 체르노바야 고분군에서 일련의 두개골에서 적토의 흔적이 관찰되었는데, 언젠가 문신을 모방하여(바데쯔까야 1986) 혹은 감각기관을 보여주게(뽀돌스끼 1997: 182) 피장자의 얼굴에 채색을 한 것이다. 의심의 여지없이, 이 유적들은 여러 가지의 태양 숭배들, 지하세계 동물들의 표현들, 세계 기둥 등등이 반영된 주민들의 복잡한 세계관 시

그림 28 체르노바야 XI; 고분군 출토 여성 머리 표현이 있는 골판

그림 29 베르흐니 아스끼즈 I 고분군 출토 여성 머리 표현이 있는 골판

스템을 복원하는 데 극히 중요하다(레온찌예프, 까뻴꼬, 예신, 2006, 52쪽).

오쿠네보 유형의 수많은 표현물들(가면들, 기하학적 기호들, 개별적 동물 형상들)이 알타이에서 근동과 한국까지의 아주 넓은 지역에서 발견되었다(김, 장, 보꼬벤꼬, 낄루놉스까야, 2007, 79쪽).

최근에는 산악 지역에서 새로운 유형의 유적들이 발견되었다. 바로 방어 기능뿐만 아니라 산 숭배와 관련된 성례적 의미도 지닌 요새 · "스베"이다(우스따나흐, 흐이즈일 · 하

그림 30 따즈미나 유목마을 지역의 오쿠네보 문화 석상. 20세기 초의 사진촬영

그림 31 하카시아 L.R.끄이즐라소프 민족지역학박물관 전시관의 오쿠네보 문화 석상

그림 32 온하꼬프 유목마을 부근의 쿠르간 출토 오쿠네보 문화 석상

그림 33 베르흐니 아스끼즈 Ⅰ 고분군 출토 오쿠네보 문화 석상

그림 34 베르흐니 아스끼즈 Ⅰ 고분군 출토 오쿠네보 문화 석상

그림 35 체르노바야 Ⅷ 고분군 출토 오쿠네보 문화 석상

그림 36 브이르까노보 출토 표현물들이 있는 석상

야, 쉬쉬까, 즈메이나야 등등). 이 요새들은 위험한 시기에는 주기적으로 방어 기능을 수행하면서, 그리고 아마도 성례적 기능도 수행하면서 청동기시대 전기부터 기능하기 시작하여 중세까지 장기간에 걸쳐 존재하였다. "스베"들은 우뚝 선 구릉들과 곶들에 위치하며, 주변의 지형적 상황과 축성 요구 조건에 맞게 계획되고 축조되었다. 일반적으로 곶들에는 이 구역들이 판돌들을 쌓아 만든 한 줄 혹은 두 줄의 벽들(높이 2~2.8m)로 차단되어 있다. "스베"의 내부에서는 돌로 만든 원시적인 은신처, 움집 혹은 벽감 등이 발견되는데, 이곳에서 다량의 문양으로 장식된 토기들, 다양한 유물들, 다량의 다양한 동물 뼈들(가축과 야생 동물) 등이 발견되었다(고뜰리브, 1997).

따라서 미누신스크 분지의 오쿠네보 문화는 일정한 목축 발전 수준을 반영하는, 이웃 지역들의 문화 발전에 영향을 끼친 표현 복합체들의 다양성에 표현된 복잡한 세계관 시스템을 반영하는 다측면적 현상이었다.

안드로노보 문화

안드로노보 문화(기원전 17~15세기)는 오쿠네보 문화를 대신하며, 이 문화는 우랄에서 사얀 · 알타이 산맥까지 그리고 중부 아시아의 남쪽 지역들까지 분포한 수많은 문화 요소들로 이루어진 안드로노보 현상이라 불리기도 한다(체르느이흐, 2008, 36~53쪽).

미누신스크 분지는 안드로노보 종족들이 거주한 가장 동쪽 지역에 해당하는데, 그들은 미누신스크 분지의 모든 분지가 아니라 북쪽 절반 지역에 거주하였다. 예니세이 강 유역에는 안드로노보 유적이 다른 지역들(카자흐스탄과 서시베리아)에 비해 수가 적다.

첫 번째의 안드로노보 문화 유적들은 끄라스노야르 박물관의 관장인 A.P.예르몰라예프에 의해 1913~1916년에 안드로노보 마을 부근에서 발굴 조사되었다. 그 이후에 S.A.떼쁠로우호프가 그와 비슷한 유적들을 조사하였고 그리고 독자적인 고고학 문화로 분리하였다. 대형 발굴 조사는 G.P.소소놉스끼, M.N.꼬마로바, S.V.끼셀료프, M.P.그랴즈노프, G.A.막시멘꼬프 등등이 실시하였다. 그들의 조사 결과는 이 문화에 대한 희망적인 원천 자료 토대를 만들 수 있게 하였다.

안드로노보 문화 주민들은 유럽인종이었으며 몇몇 저자들은 그들을 인도유럽인종으로 파악하기도 하였다(게닝그, 1977; 꾸지미나, 1994; 꾸지미나, 2007). 아직은 안드로노보 문화의 주민들이 남쪽 지역으로 이동을 하였는지 판단을 내리기가 어렵지만, 아마도 그곳에는 후기 오꾸네보 종족들이 거주하였을 것이다.

고분군들은 강 주변 혹은 큰 강들의 강변을 따라 분포하며, 이로 인해 고분군들이 흔히 모래언덕 아래에서 발견된다. 현재 이 지역에서는 27개소의 고분군이 조사되었다(바데쯔까야, 1986, 47~49쪽). 그 중에서 오라크 I 고분군과 노바야 쵸르나야 II 고분군은 거의 모두 발굴되었고, 수호예 오제로 I 고분군은 절반 이상이 발굴되었다(막시멘꼬프, 1978, 6쪽).

그 외에도 6개소의 주거 유적이 부분적으로 조사되었다. 끌류치 주거 유적에서 목재 구조물의 기초 흔적만을 확인하는 데 성공하였을 뿐이다. 기본적으로 주거 유적들에는 노지의 흔적들, 다량의 토기편들, 작은 금속 유물들, 그리고 다량의 동물 뼈들(소, 양, 말, 노루, 다른 동물들)이 발견된다(막시멘꼬프, 1978, 51쪽).

고분군들은 십여 혹은 수십여 개의 호석들(60개 이하)로 이루어져 있으며, 흔히 흙 봉분이 없다. 매장 구조물은 수직으로 세운(84%) 혹은 드물게는 수평으로 쌓은(16%) 판돌들로 이루어진 원형 혹은 방형의 호석 모양을 한다

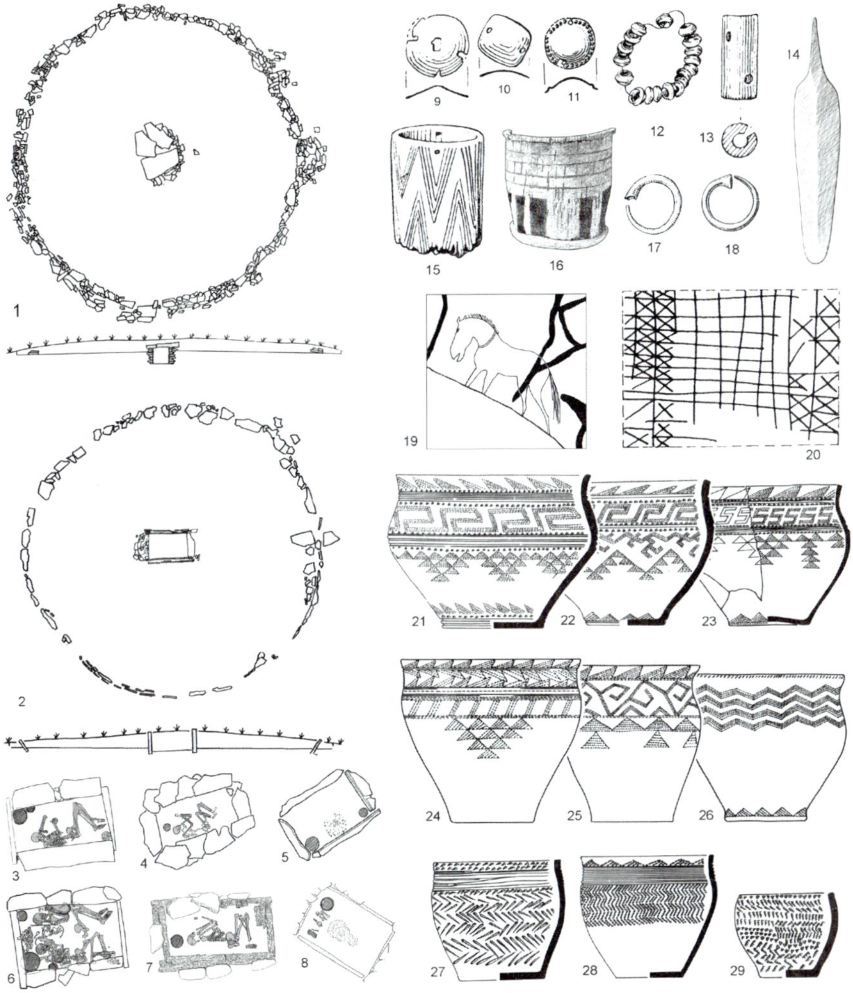

1~2.호석 평면도, 3 · 8. 무덤 평면도, 9~11. 단추, 12. 목걸이, 13. 대롱, 14. 검신, 15~16. 통모양 용기, 17~18. 귀걸이, 19~20. 바위 그림, 21~29. 토기. 출토 위치: 1~2, 7~8, 13~1, 17~18, 20~22, 27~29. 수호예 오제로 Ⅰ, 3, 6, 12, 15. 쁘리스딴 Ⅰ, 4~5. 솔레노오제르노예, 9~11. 까멘까 Ⅱ, 16. 체르노바야 Ⅷ, 19. 레뱌쥐예, 23. 모호바 Ⅲ, 24~26. 안드로노보. 재료: 9~12, 14, 17~18. 청동, 13. 뼈, 15. 나무, 16. 자작나무 껍질, 19~20. 돌, 21~29. 점토.

그림 37 안드로노보 문화. 무덤 구조물들과 유물 복합체

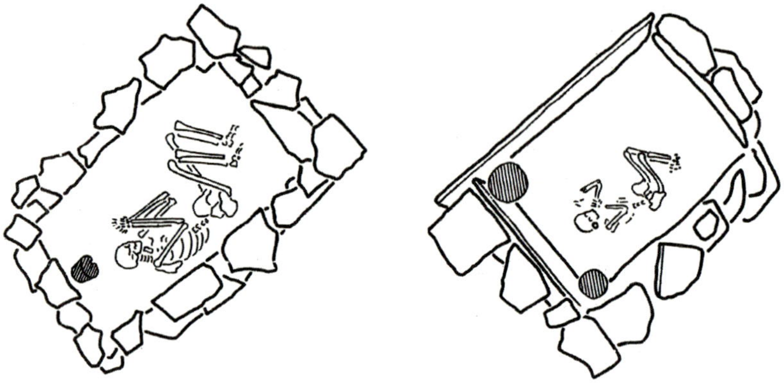

그림 38 솔레노오제르노예 고분군의 안드로노보 문화 무덤들
(G.A.막시멘꼬프, 1978, 139쪽)

(Legrand, 2006, 848쪽).

다양한 종류의 무덤에 매장을 하였다(그림 37). 모두 5개 종류의 고분 - 토광, 판돌을 수직으로 세워 만든 석상, 판돌을 수평으로 쌓아 만든 석상, 판돌을 수평으로 쌓고 수직으로 세운 복합적인 석상 - 이 구분된다(막시멘꼬프, 1978, 58쪽). 판돌을 수직으로 세워 만든 석상 무덤이 가장 많이 발견된다(그림 38).

시신장 풍습이 가장 널리 행해졌고, 화장 풍습은 적게 행해 졌을 뿐만 아니라 오직 성인들에게만 행해졌다(막시멘꼬프, 1978, 82쪽). 어린이들은 혹은 성인들의 호석들 사이에, 혹은 고분군 내의 특별히 마련한 장소들에 매장하였다.

단독 매장이 우세하나 약간 드물게는 2명의 성인을 함께 매장하였다. 피장자들은 기본적으로 왼쪽 측면으로 뉘었으며, 무릎을 접히었고(86%), 두향은 남서향 혹은 드물게는 서향으로 하였다(Legrand, 2006, 851쪽)(그림 38).

피장자의 머리 곁에는 통상 하나 혹은 드물게는 두 개의 평저 토기를 두었다(그림 39~40). 몇몇 경우에는 양호한 보존 상태 덕분에 토제 용기뿐만 아니라 유기물질(나무, 자작나무 껍질)로 만든 용기들도 두었다는 사실을 확인할 수 있었다(그림 41). 그 외에도 무덤에 목제 받침 접시에 고기 덩이 모양의 매장 음식을 놓아두었던 것으로 보인다. 그 고기 덩이들에서 동물의 뼈가 보존되었는데 기본적으로 소의 뼈가 대부분이고, 양, 말, 그리고 노루의 뼈도 그 보다는 적지만 발견된다.

부장 유물에는 사람과 의복에 딸린 장신구들, 안드로노보 문화 전체에 전형적인 깔때기가 달린 고리 · 귀걸이, 규질점토암 구슬, 청동 구슬, 나선 모양의 가락지, 반구상의 패식 등이 있다(그림 42). 그 외에도 청동 송곳과 규석제 화살촉도 있다(그림 43).

평저 토기에는 두 가지 유형이 있다.

1. 단면이 양(兩)원추 모양에 가까운 토기들, 넓게 외반하는 경부와 좁은 바닥이 있다. 이 유형의 토기들은 토기 상부가 기하무늬들(번개무늬들, 삼각형들, 지그재그 띠들)로 풍부하게 장식되어 있다(그림 44).
2. 곧은 기벽 혹은 가볍게 외반한 기벽이 있는 토기들, 넓은 바닥이 있고 구연부가 구분되지 않는다. 기면 전체가 수평의 전나무 모양 문양으로 덮여 있다(그림 44).

G.A.막시멘꼬프는 첫 번째 유형의 토기들을 의례용으로 파악하였는데, 왜냐하면 이 유형 토기들만이 무덤들에서 발견되었다고 생각하였기 때문이었다. 두 번째 유형 토기

그림 39 오라크 Ⅲ 고분군 출토 안드로노보 문화 토기

그림 40 오라크 Ⅲ 고분군 출토 안드로노보 문화 토기

그림 41 쁘리스딴 Ⅰ 고분군 출토 안드로노보 문화 자작나무 껍질 바구니

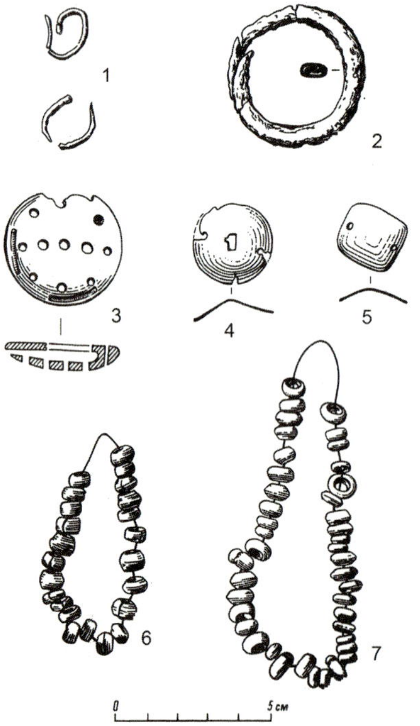

그림 42 까멘까 Ⅱ 고분군 출토 안드로노보 문화 청동 유물들(관자놀이 장식 고리, 단추, 목걸이)(G.A.막시멘꼬프, 1978, 189쪽)

그림 43 쁘리스딴 Ⅰ 고분군(송곳, 목걸이)과 수호예 오제로 Ⅰ 고분군(관자놀이 장식 고리) 출토 안드로노보 문화 청동 유물들

들은 생활용기로 불렀는데, 이 유형 토기들만이 주거 유적들에서 발견되었다고 생각하였기 때문이었다(그림 44).

하지만 실제로 이 의견은 옳지 않다. 왜냐하면 두 가지 유형의 토기들이 모두 무덤들과 주거 유적들에서 출토되었기 때문이다(Legrand, 2006, 854쪽).

안드로노보 문화의 토기 문양 비교는 이주민들이 어디에서 예니세이 지역으로 도래하였는지 잠정적으로 파악할 수 있게 한다. 가장 전망이 있는 지역은, G.A.막시멘꼬프의 의견에 따르면, 토기에 유사한 문양 모티브가 관찰되는 카자흐스탄 북부와 동부 혹은 서시베리아이다(막시멘꼬프, 1978, 123~124쪽).

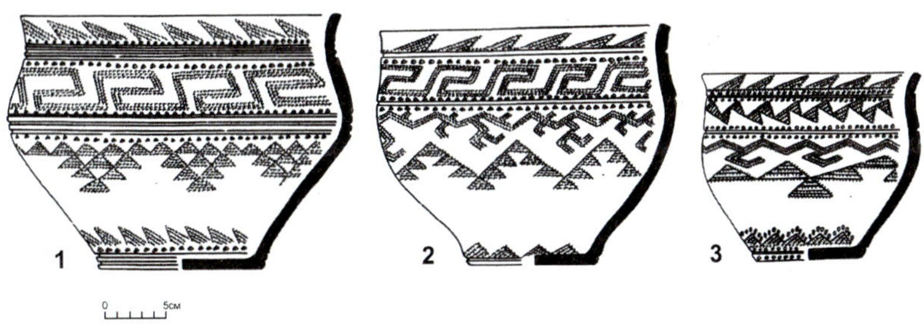

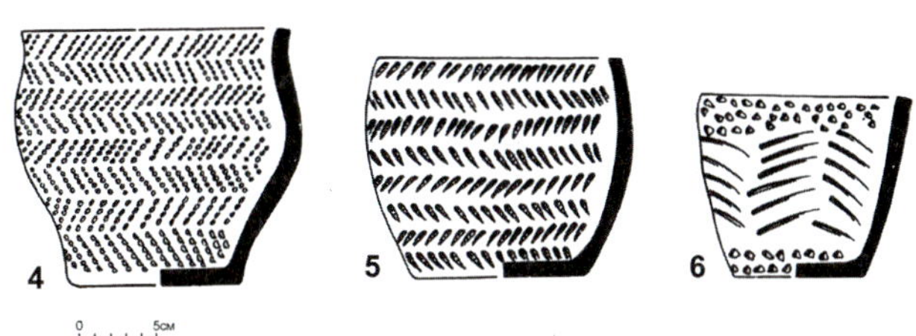

1~3. 의례용" 토기들, 4~6. 일상생활용" 토기들

그림 44 수호예 오제로 Ⅰ 고분군 출토 안드로노보 문화 토기들(G.A.막시멘꼬프, 1978, 189쪽)

안드로노보 공동체에서의 사회적 분화는 이 문화 분포의 서쪽 지역들(우랄 지역, 카자흐스탄)에서 발견되는 전차가 부장된 위세 무덤들을 통해 확인된다. 미누신스크 분지에서는 사회적 분화 과정이 그렇게 뚜렷하게 진행되지는 않았다. 미누신스크 분지에서는 무덤들의 위세 정도가 33m까지의 호석의 크기(수호예 오제로 1)와 석상의 크기에, 피장자에게 부장한 고기 음식의 수량에, 토기 문양의 화려한 정도에서 확인된다. 간접적으로 그 존재가 확인되는 바퀴 달린 운송 수단은 당시 의심의 여지없이 위세품이었을 것이다. 바퀴 달린 운송 수단들은 바위 그림들에 수레와 전차의 형태로서 반영되어 있다(레온찌예프, 1980; 쉐르, 1980; 사마쉐프, 1992; 데블레트, 2004; 소베또바, 미끌라쉐비치, 1999 등등). 이 시기에는 전차 표현물이 있는 다량의 바위 그림들이 스칸디나비아에서 인도까지 그리고 이탈리아에서 몽골까지 알려져 있지만, 중부 아시아와 남부 시베리아에(카자흐스탄에서 몽골까지) 가장 많은 종류들이 집중되어 있다. 말의 표현물은 변형된 "앙가라" 스타일로 단독으로 표현되기도 하였고, 혹은 사람도 함께 있는 집단 배경의 복잡한 소재들로 되어 있기도 하다.

고분군들과 주거 유적들에서 출토된 자료들은 안드로노보 주민들이 기본적으로 정착 목축(큰 뿔 가축이 우세)에 종사하였음을 말할 수 있게 한다. 안드로노보 인들에게서 농경에 대한 자료는 아직 발견되지 못하였다. 그들의 경제에서 사냥은 보완적인 역할을 하였다.

비록 안드로노보 공동체의 서쪽 지역들(카자흐스탄, 서부 시베리아)에서는 이미 거대한 청동 금속 가공 중심지들이 존재하였었지만, 미누신스크 분지에서는 청동 금속 가공이 이제 막 발전하기 시작하였는데, 이에 대해서는 무덤들과 주거 유적들에서 출토된 그리고 지표 수습된 청동 유물의 수량이 소량인 점이 증명한다. 나중에 카라수크 문화의 형성과 함께 미누신스크 분지는 중부 아시아에서 청동 제품을 생산하는 거대한 야금술 중심지들 중의 한 곳이 된다.

카라수크 문화

안드로노보 문화는 카라수크 문화(기원전 14~10세기)에 의해 대체된다. 이 문화는 기본적으로 예니세이 강 중류의 미누신스크의 산악 사이 스텝 분지들에 분포한다.

카라수크 문화는 19세기부터 현재까지 러시아 고고학자들이 수행한 수많은 발굴 조사 결과 엄청난 수량의 자료(119개소의 고분군과 6개소의 주거 유적)를 가지고 있다. 카라수크 문화는 무엇보다도 먼저 이 문화에 속하는 다량의 청동 유물들(동물 형상 자루 끝 장식이 있는 손칼들, 유공부들 등등)을 통해 잘 알려져 있다. 이 유물들은 미누신스크 분지의 복합체들에서 출토되거나 혹은 우연히 발견되었으며, 투바, 자바이칼, 몽골, 오르도스, 중국 북방 등등의 광대한 지역에서 발견된 유형적으로 동일한 특징을 가진 유물들과 비교된다.

19세기에는 카라수크 문화의 유적들을 간헐적으로 발굴하였다. 19세기 말이 되어서야 이 문화 유적들에 대한 발굴 조사가 체계적으로 되었고 그리고 V.V.라들로프, I.P.꾸즈네쪼프 · 끄라스노야르스끼, A.A.아드리아노프 등등의 조사와 관련되었다. 20세기 20년대부터는 S.V.끼셀료프, V.N.레바쇼바, S.A.떼쁠로우호프 등이 미누신스크 분지에서 이 문화의 쿠르간들을 적극적으로 발굴 조사하였다. 이들은 미누신스크 분지의 고대 문화들에 대해 시기구분을 하였고, S.A.떼쁠로우호프는 카라수크 강변에서 발굴된 특징적인 유적을 통해 카라수크 문화를 분리하였다(떼쁠로우호프, 1929, 44쪽).

1940~1975년에는 끄라스노야르 수력발전소의 건축과 관련하여 이 지역의 다양한 유적들에 대한 대규모의 고고학 발굴 조사가 실시되었는데, 그 발굴 조사에서 높은 비중을 차지한 것이 카라수크 문화 유적들이었다. 이 발굴 조사들은 A.N.리쁘스끼, L.R.끄이즐라소프, M.P.그랴즈노프, G.A.막시멘꼬프, M.D.흘로브이스띠나 등등의 학자들이 지도하였다. 이 시기에 2000기의 무덤을 포함하는 70%의 고고학 자료가 축적되었다.

이 자료들은 몇몇 학자들로 하여금 기본적으로 카라수크 문화의 발생, 편년, 그리고 시기구분 등의 문제 해결과 관련된 일련의 가설을 제시할 수 있게 하였다. 청동 손칼들은 논의의 중심에 서 있었고 그리고 여러 학자들(M.D.흘로브이스띠나, N.L.츨레노바, E.A.노브고로도바)에 의해 카라수크 문화의 단일화를 위한 표지 유물로 이용되었지만(흘로브이스띠나, 1963; 노브고로도바, 1970; 츨레노바, 1972 등등), 이 경우 이 문화에 본질적인 기본 특징들(석축 매장 구조물들, 매장 의례, 부장품 등의 특징들)과 이 문화의 지역적 발생 혹은 외생적 발생을 규정하는 편년적 지표들은 고려되지 못하였다.

현재 카라수크 문화의 모든 구성 요소들에 대한 현 수준에서의 모든 측면에 대한 분석이 이 저서의 공동저자 중의 한 명에 의해 이루어졌다(Legrand, 2010). 카라수크 문화의 연구 과정 중에 이루어진 자료들의 정리와 분석은 기본적으로 무덤·자료들인데, 왜냐하면 이 자료들이 모든 원천자료의 95%를 차지하기 때문이다. 발굴 조사된 유적들은 물론이고 지표 조사를 통해 그 존재가 확인된 유적들에 대해서도 전체적인 분포도 작성이 이루어졌다(그림 45).

116개소의 고분군, 2044기의 호석, 2369기의 무덤, 974점의 온전한 토기 등등과 같은 원천 자료들에 대한 다양한 통계학적 테스터가 행해졌다. 통계적 기술 방법으로 엑셀의 그래프들을 활용하였고, 그 다음에는 자료 분석 차원에서 SPAD 프로그램의 요인 상관관계 분석 방법을 이용하였다.

여러 결과들이 범주에 따른 대상들의 상관관계에 따라 그리고 미세 지리 지역에 따라, 4개 분지라는 자연적 지형과 동일 분지 내에서의 유적들 간의 상호 거리들에 의해 조건 지워진, 국지적 그룹이라는 차원에서 해석되었다(그림 46).

다양한 측면에서의 자료 분석이 행하여졌다.

- 고분군들의 분포 상태와 내적 구조 연구
- 건축 자료들, 매장 의례, 그리고 부장품 연구
- 공동체의 가족 구조 연구를 위한 성 및 연령과 관련된 피장자 자료들의 분석
- 세부 분류를 토대로 하는 토기 자료 분석

카라수크 문화 연구에서는 무덤 유적들이 우위를 점하는

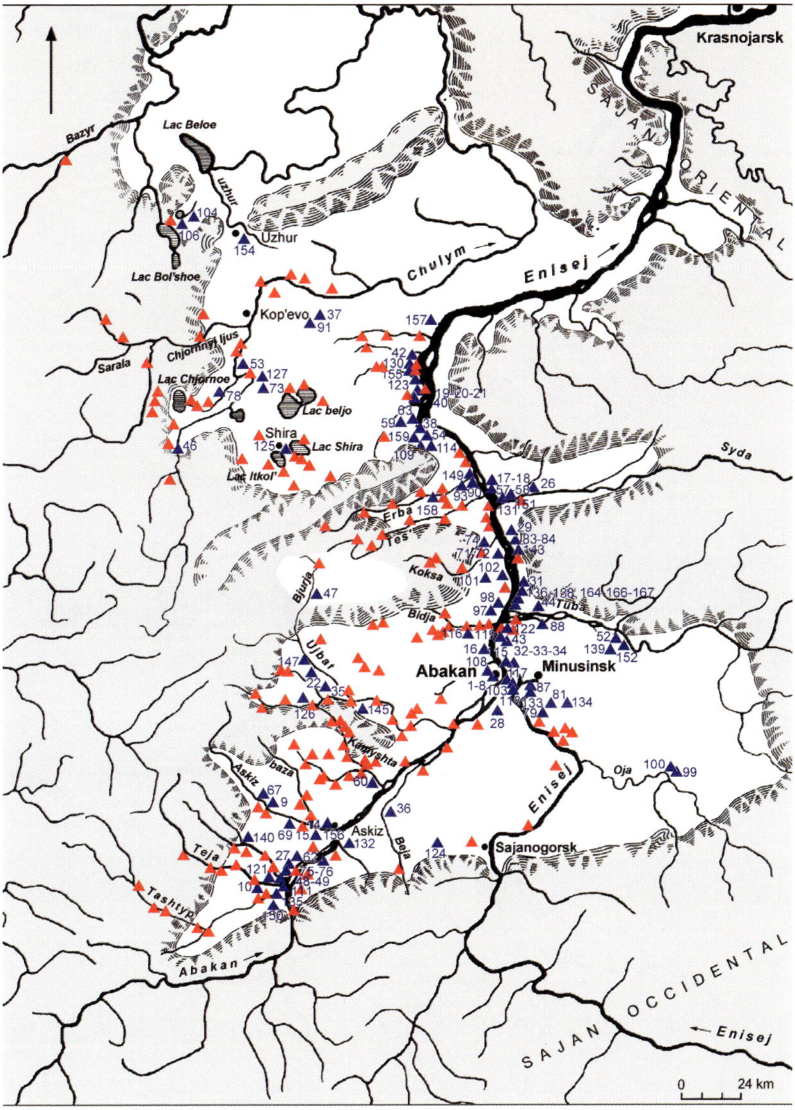

▲ 발굴조사가 된 카라수크 문화 유적 (A) ▲ 지표조사가 된 카라수크 문화 유적 (B)

그림 45 카라수크 문화의 발굴 조사가 된(A) 및 지표 조사를 통해 확인된(B) 유적들의 분포도

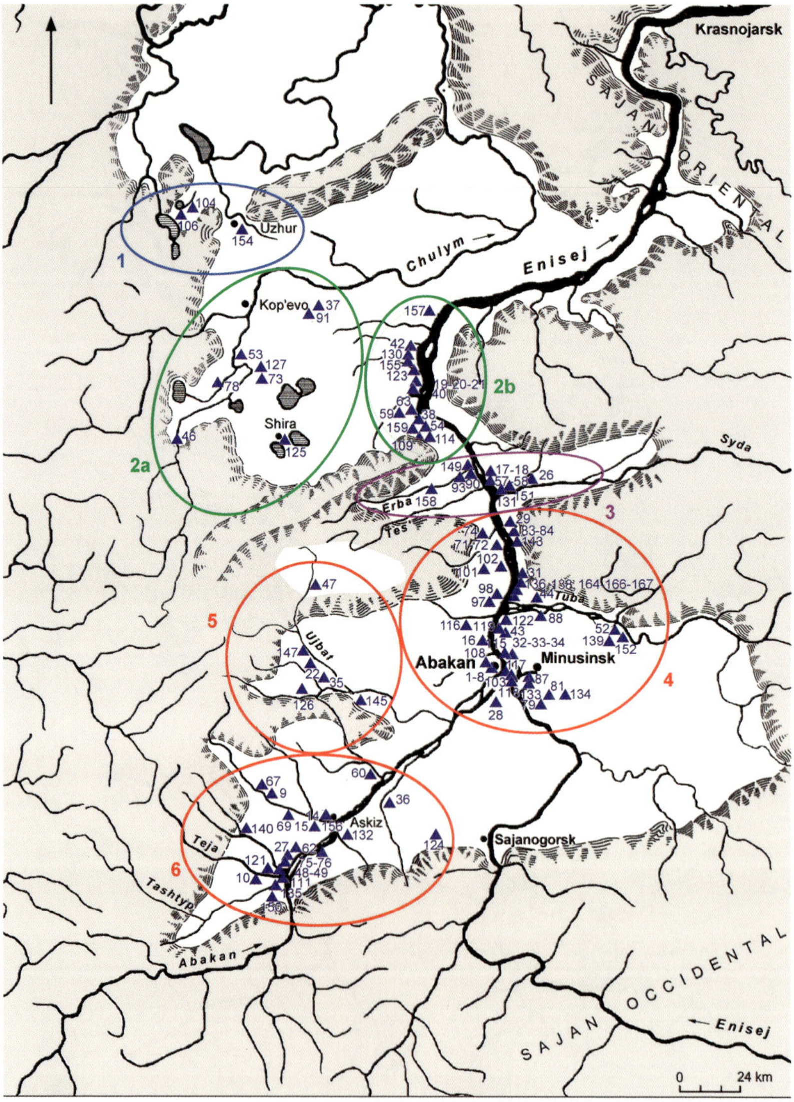

: 나자롭스크 분지　　: 스이다 · 예르빈 분지

: 출르이모 · 예니세이분지　　: 미누신스크 · 아바깐분지

그림 46 카라수크 문화의 소구역 단위 그룹들로 모여 있는 발굴조사가 된 유적들의 분포도(1, 2a, 2b, 3, 4, 5, 6). 서로 다른 색깔들로 분지들을 표시하였음

데, 왜냐하면 125개소의 조사된 유적들 중에서 119개소가 고분군이기 때문이다.

고분군들은 흔히 물(강들과 호수들) 가까이의 편리한 분지들에 위치하며 다양한 종류가 있다. 고분군들의 크기는 기본적으로 10~50기의 무덤들로 이루어진 크지 않은 것들

1

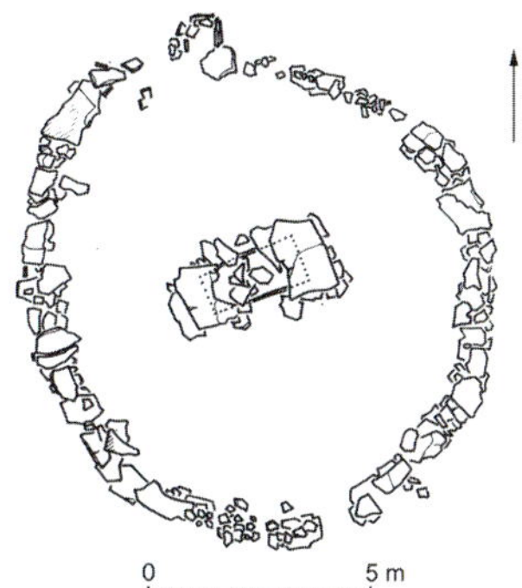

2

그림 47 무덤 호석들: 판돌들을 수직으로 세워 만든 것들 (1. 안칠 촌 고분, 2. 뀨르겐네르 I 고분군, M.P.그랴즈노프의 P · 1 · 3200 보고서)

그림 48 안칠 촌 고분군의 장방형 호석

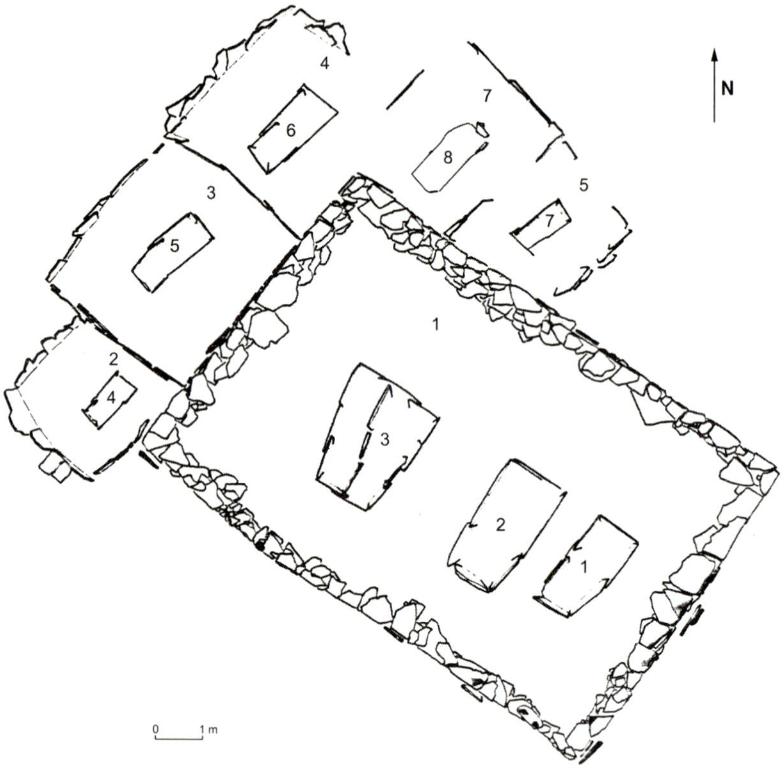

그림 49 카라수크 Ⅰ 고분군의 서로 연접되게 축조한 호석들 (M.N.꼬마로바의 P·1·2203 보고서)

이지만, 드물게는 200기 혹은 그 이상의 무덤들로 이루어진 대형의 고분군들도 있다.

무덤들을 두르고 있는 호석들은 대개 판돌들을 수직으로 세워(87%) 만들었지만, 드물게는 판돌들을 수평으로 쌓아(13%) 만들기도 하였다(그림 47). 간혹 무덤들 위로 높이 30~80㎝의 흙 봉분이 남아 있는 경우도 있다(9%). 대부분의 호석들은 방형 혹은 장방형(90%)이며(그림 48), 드물게

1. 토광과 석상

2. 구지표면에 만든 무덤(모호프 6 고분군)

그림 50 무덤의 범주와 유형들

는 원형(10%)이다. 호석들은 혹은 서로 떨어진 채 단독으로 위치하기도 하고(44%), 혹은 서로 잇대어져 있기도 한다(56%)(그림 49). 93%의 경우에는 호석 안에 오직 1기의 무덤만이 위치한다.

2개 범주의 무덤들이 있다: 1. 구지표면에 축조한 것(6%), 2. 땅을 파고 축조한 것(94%). 두 번째 범주의 무덤들은 다시 3개의 유형으로 구분된다: 1) 판돌들을 수직으

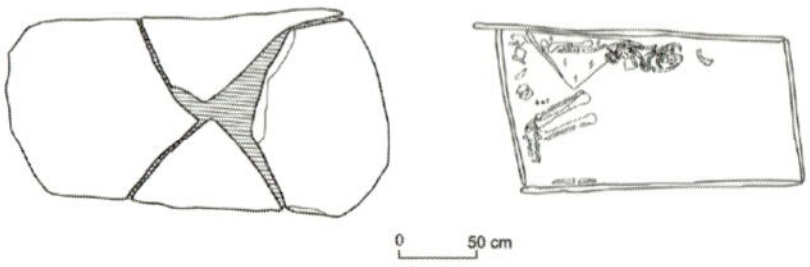

1. 하라 · 하야 고분군, E.E. 필립뽀바의 P · 1 · 5184 보고서,

2. 안칠 촌 고분군

그림 51 1매의 판돌로 덮은 무덤들 혹은 수 매의 판돌로 덮은 무덤들

로 세워 만든 석상(石箱)(90%), 2) 판돌들을 수직으로 세우기도 하고 수평으로 쌓기도 하여 만든 복합식 석상(1%), 3) 토광(3%)(그림 50). 석상들은 사다리꼴 혹은 장방형이었으며, 위를 하나의 큰 판돌 혹은 여러 매의 판돌로 봉하였다(그림 51). 무덤들의 크기는 기본적으로 피장자의 키에 따라 차이가 났지만, 30%의 경우가 길이 2.9m까지의 대형 무덤들이다.

카라수크 문화에는 단독 무덤들이 우세하며(95%), 수 명의 사람들을 한꺼번에 매장한 경우는 드물게 발견된다. 대개 왼쪽 측면으로 무릎을 가볍게 굽힌 상태로(87%), 혹은 오른쪽 측면으로(7%), 혹은 등을 아래로 가게(6%) 매장하였다(그림 52). 피장자들의 방향은 두향이 북동쪽(50%)과 동쪽(20%)으로 향하게 하였고, 나머지들은 두향이 서쪽 혹

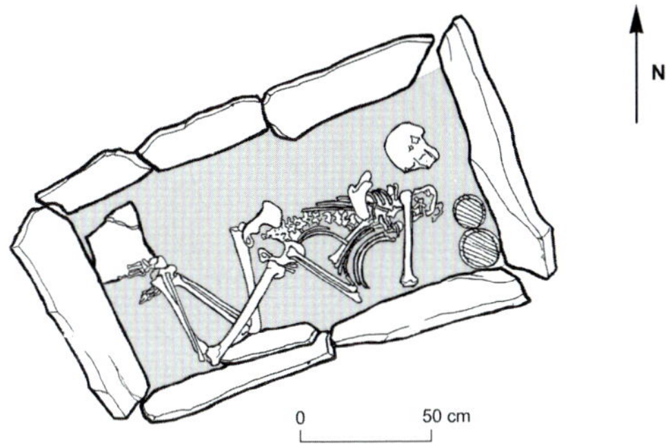

1. 모호프 VI 고분군, E.N.끼르게네꼬프의 보고서(아직 등록 번호 없음 · 옮긴이)

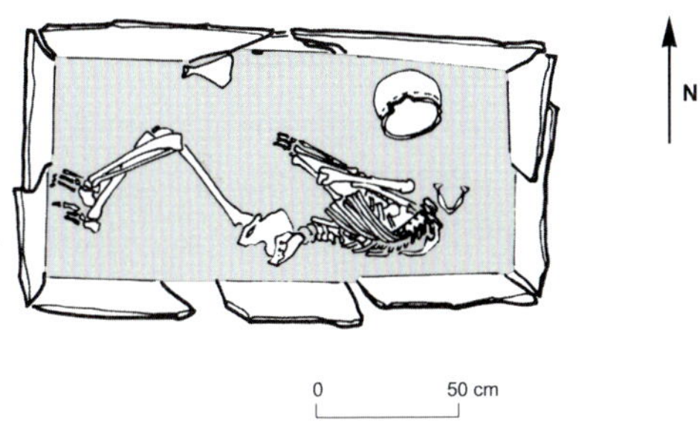

2. 뀨르겐네르 I 고분군, M.N.꼬마로바의 P · 1 · 3597 보고서

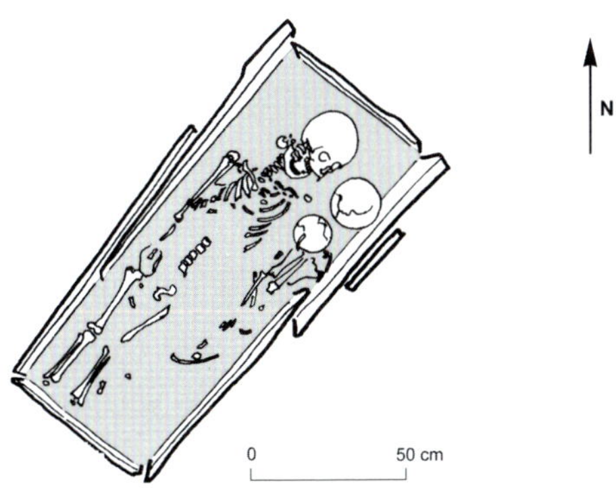

3. 뀨르겐네르 I 고분군, M.N.꼬마로바의 P · 1 · 3597 보고서

그림 52 피장자들의 자세

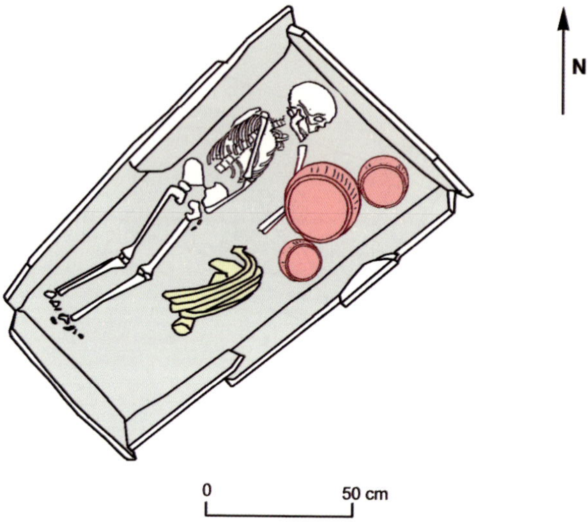

그림 53 토기들의 배치 및 무덤 음식 – 무덤 속의 동물 고기 덩이들 – 의 위치(카라수크 I 고분군, M.N.꼬마로바의 P · 1 · 2203 보고서)

은 남서쪽이었다. 성인들과 어린이들은 개별 무덤들에 매장하였다.

피장자의 머리 곁에는 일반적으로 액체 상태의 음식물이 들어있는 1점의 토기를 두었으나 드물게는 2~3점의 토기를 두기도 하였고, 매우 드문 경우에는 4점에서 8점까지의 토기를 두기도 하였다. 피장자 곁에는 목제 받침 접시에 가축(양: 70%, 소: 20%, 드물게는 말과 노루)의 고기 덩이들을 놓아두었다(그림 53). 대부분의 경우에는 오로지 한 종류의 매장 음식물을 두었으나(80%), 드물게는 두 종류 혹은 세 종류의 매장 음식물을 두기도 하였다. 간혹 고기 덩이들 사이에 청동 손칼이나 청동 송곳을 두기도 하였다.

피장자를 옷을 입힌 상태로 화장(化粧) 도구들 및 개인

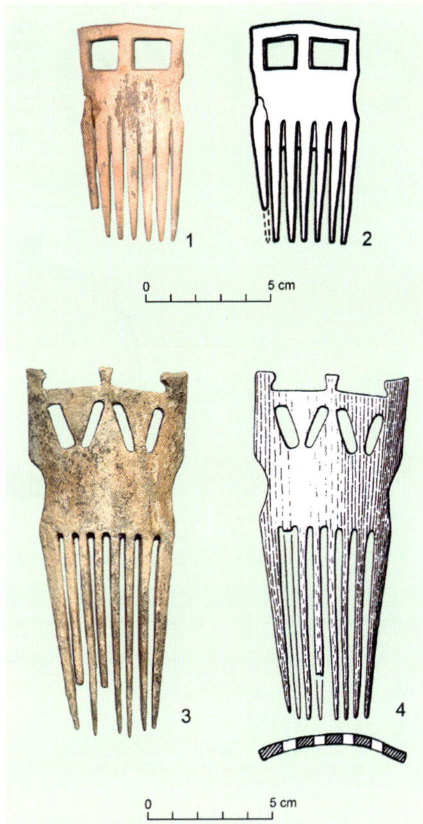

그림 54 수호예 오제로 II 고분군 출토 골제 빗들(2, 4. A.V.뽈랴꼬프, 2005)

물품들과 함께 매장하였다.

- 화장도구와 장신구들: 골제 빗(그림 54), 청동 물갈퀴 모양 펜던트, 청동 관자놀이 장식 고리, 귀걸이, 손목 팔찌, 가락지, 청동 목걸이, 원통형의 청동 및 규질점토암 구슬들로 만든 목걸이(그림 55);
- 장신구들과 의복 부속품들: 골제 띠 버클, 반구상의 청동 패식·단추, 볼록한 연주형 장식, 방형의 패식, 6엽 모양

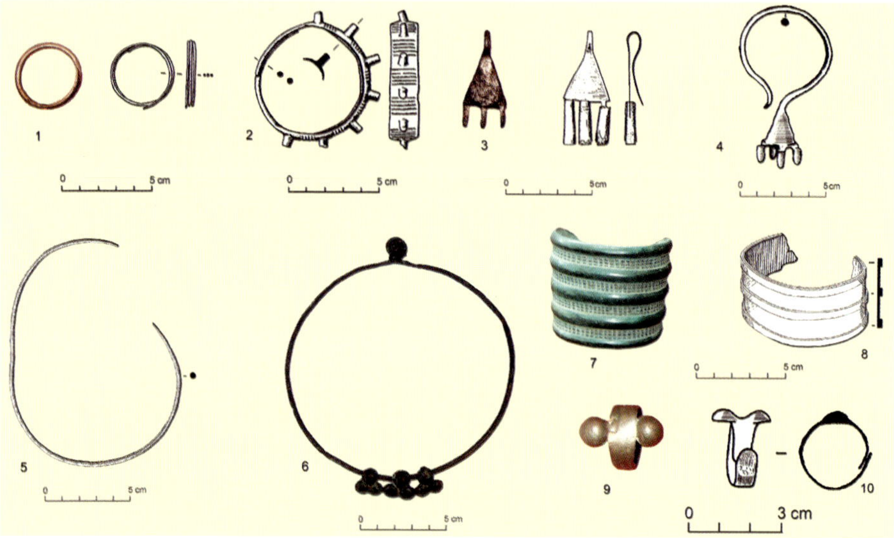

1~2. 관자놀이 장식 고리(1. 뀨르겐네르 Ⅰ 고분군 출토; 2. 차즈이 고분군 출토), 3~4. 귀걸이 · 펜던트(3. 까멘까 Ⅳ 고분군 출토; 4. 말르이예 꼬뻬느이 Ⅲ 고분군 출토), 5~6. 목걸이(5. 수호예 오제로 Ⅱ 고분군 출토; 6. 우연히 발견된 유물), 7~8. 팔찌들(7. 아스끼즈 Ⅲ 고분군 출토; 8. 수호예 오제로 Ⅱ 고분군 출토), 9~10. 반지들(9. 까라수크 Ⅰ 고분군 출토; 10. 떼르트 아바 고분군 출토(P.G.빠블로프, 1999)

그림 55 청동 유물들

의 패식, 못 모양의 리벳 등등(그림 56)

- 생활 용품들: 골제 타마기, 석제 숫돌, 청동제 유공부 및 끌(그림 57)
- 무기들: 모든 정황으로 보아 이 범주의 물품들은 부장을 하지 않았는데, 왜냐하면 골제, 규석제 화살촉들과 골제 창촉들이 피장자들의 몸속에서 발견되었기 때문이다(그림 58)
- 위세 물품들: 청동 손칼들은 개인 물품에 해당되며, 이 손칼들이 허리에서 발견된 경우에는 문양으로 장식이 되었

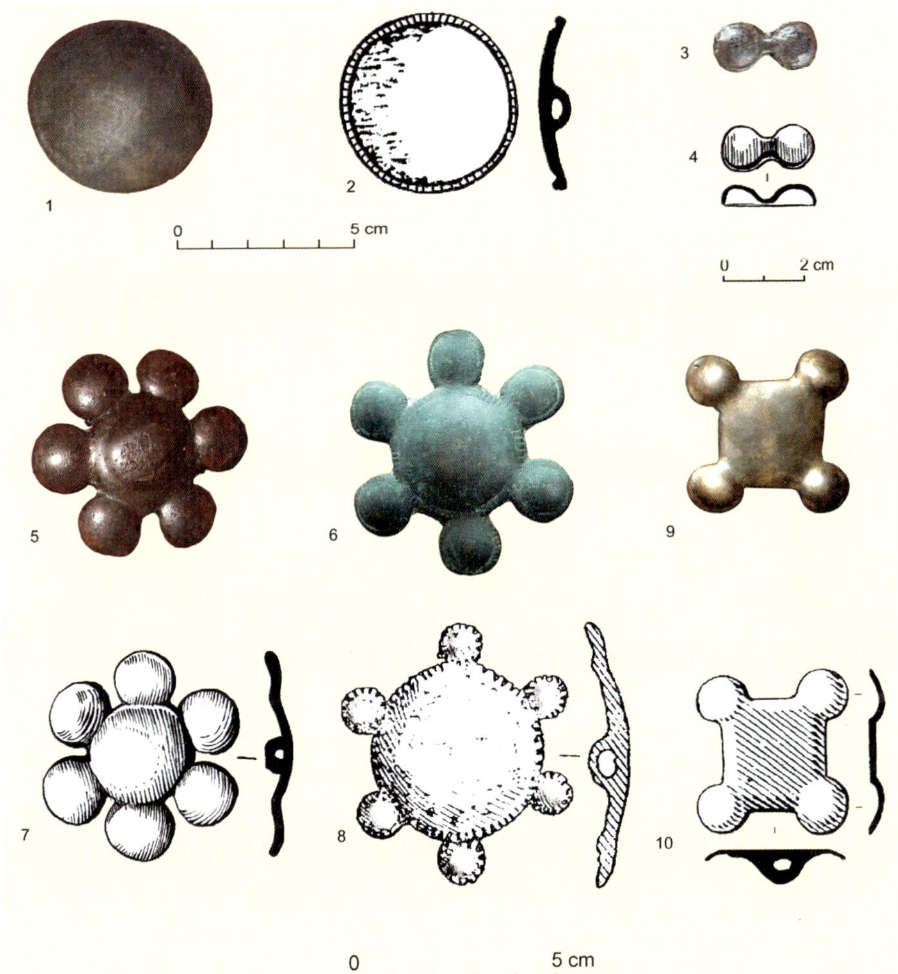

1~2. 우스찌 · 떼시 고분군 출토 패식 · 단추들, 3~4. 수호예 오제로 II 고분군 출토 볼록한 연주형 패식들, 5~8. 6엽 패식들(5~6. 우연히 발견된 유물들; 7. 베야 고분군 출토; 8. 말르이예 꼬뻬느이 III 고분군 출토), 9~10. 떼르트 아바 고분군 출토 방형 패식들(P.G.빠블로프, 1999)

그림 56 청동 유물들

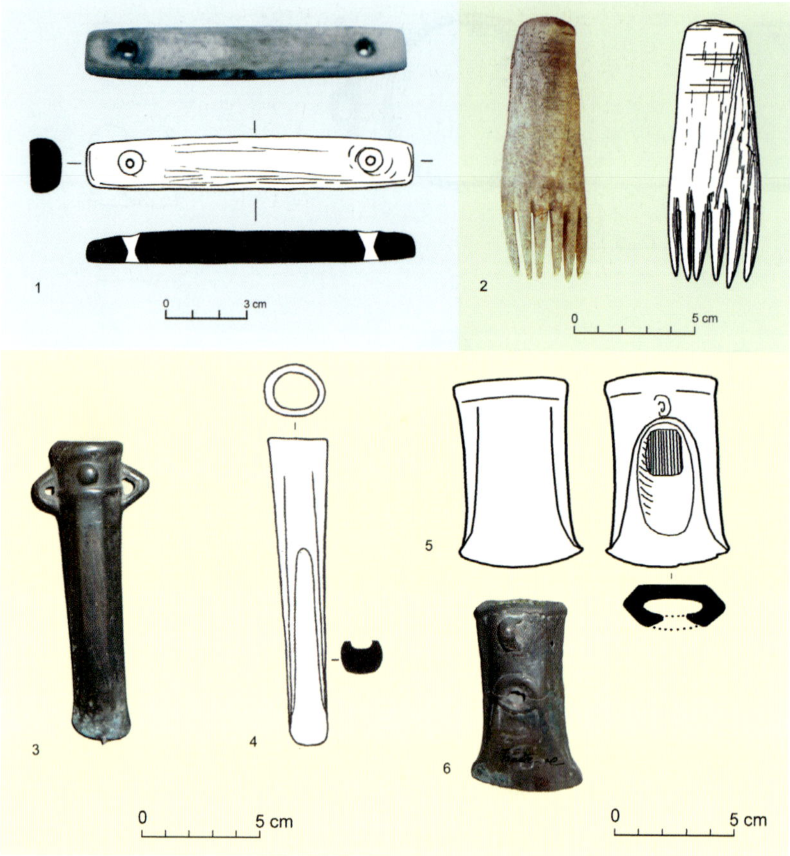

1. 뀨르겐네르 I 고분군 출토 숫돌, 2. 카라수크 IV 고분군 출토 골제 타마기들, 3~4. 청동 끌들 (3. 우연히 발견된 유물; 4. 차즈니 고분군 출토), 5~6. 청동 유공부들(5. 우연히 발견된 유물; 6. 베야 고분군 출토)

그림 57 청동 유물들

거나(그림 59), 혹은 손잡이에 동물 머리 모양의 끝장식이 있다(그림 60)

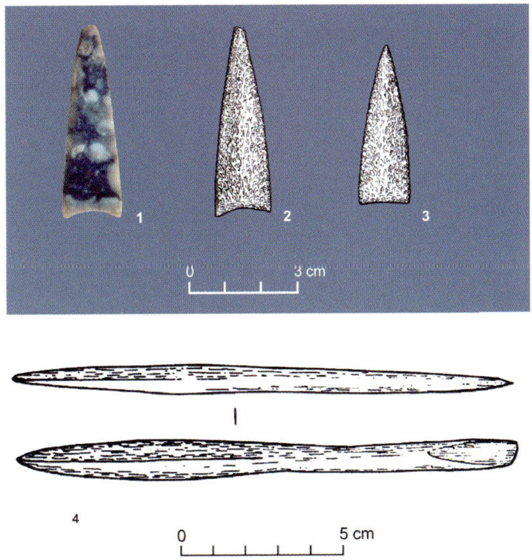

1~3. 수호예 오제로 II 고분군 출토 규석제 화살촉들, 4. 떼르트 아바 고분군 출토 골제 창촉 (P.G.빠블로프, 1999)

그림 58 화살촉과 창촉

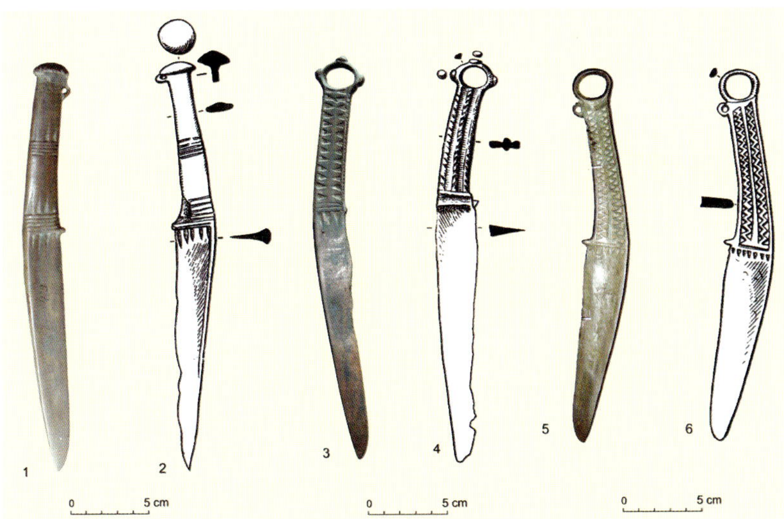

1. 우연히 발견된 유물, 2. 아바칸 I 고분군 출토(N.L.츨레노바, 1972), 3. 우연히 발견된 유물, 4. 베야 고분군 출토(N.L.츨레노바, 1972), 5~6. 뽀드시냐야 I 고분군 출토(6. N.L.츨레노바, 1972)

그림 59 문양으로 장식된 청동 손칼들

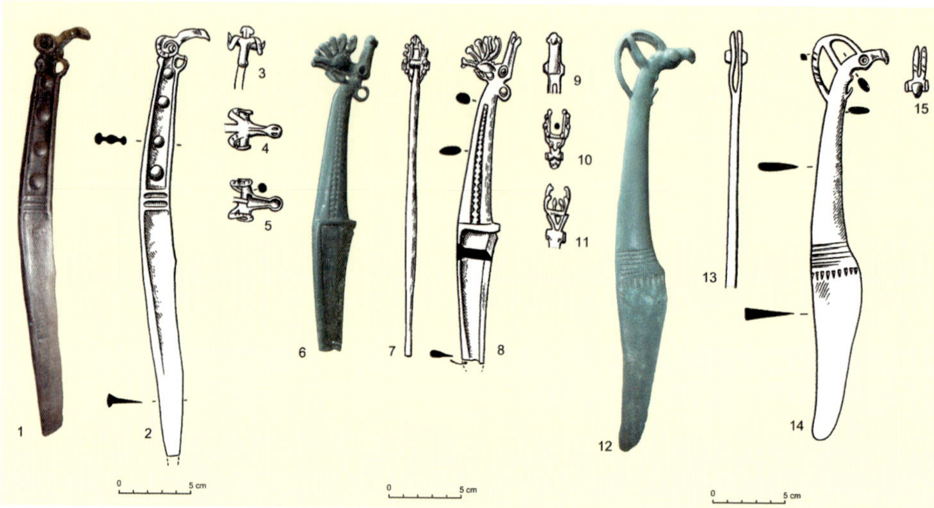

1~5. 아바칸 I 고분군 출토(2~5. N.L.츨레노바, 1972), 6~11. 우연히 발견된 유물(7~11. N.L.츨레노바, 1972), 12~15. 우연히 발견된 유물(13~15. N.L.츨레노바, 1972)

그림 60 동물 머리 모양의 손잡이 끝장식이 있는 청동 손칼들

카라수크 문화(후기 청동기 I). 무덤 구조물들(1~8)과 유물 복합체(9~64). 9~22. 토기, 23~30. 청동 손칼, 24. 단검, 31. 면도칼, 32. 송곳, 33. 뿔로 만든 재갈멈치, 34~35. 청동 팔찌, 36~37, 43. 수장형식 장식, 38~39. 뿔로 만든 빗, 40~41. 규석제 화살촉, 42. 패식, 44. 못 모양의 리벳, 45, 48. 파스타 구슬, 46~47. 반지, 49. 용수철 모양 대롱장식, 50~51, 54, 60. 관자놀이 장식, 52~53, 62. 수장형식 펜던트, 55~57. 귀걸이, 58~59. 수장형식 6엽 패식, 61. 별보배조개, 63. 저울대 모양 유물, 64. 화살촉. 무덤 복합체들: 1, 7. 뀨르겐네르 I, 2. 수호예 오제로 II, 3, 5, 8, 22. 카라수크 I, 4. 뀨르겐네르 I, 6. 모호보. 부장품: 9. 모호보, 10, 62. 오라크, 11, 14, 25~26, 33~34, 36~37, 40~41, 44~49, 53, 55~57, 61. 수호예 오제로 II, 12, 21. 뀨르겐네르 I, 13, 17. 뀨르겐네르 II, 15. 카라수크 I, 16. 바르수치하 I, 18. 안칠 촌, 19, 35, 54, 59. 말르이예 꼬뻬느이 III, 20, 42. 떼르트 오바, 23. 마리야소보, 24. 따쉬뜨이쁘, 27. 아바깐 I, 28. 뽀드시냐야, 29, 58. 베야, 30. 벨르이 야르, 31. 까자노브까 II, 38. 이유쓰끼, 43. 아르반 I, 50, 52, 60. 차즈이, 51. 니즈니 수에뚜크, 63. 메드베드까, 64. 또르가쟈크

카라수크 · 타가르 문화 이행기(후기 청동기 II). 무덤 구조물들(1~4)과 유물 복합체(5~28): 5~10. 토기, 11~14. 청동 손칼, 15. 저울대 모양 유물, 16. 팔찌, 17. 거울, 18~19, 22~24. 수장형식 패식, 20~21. 장식, 25. 반지, 26~27. 귀걸이, 28. 대롱 모양 장식. 무덤 복합체들: 1, 3. 벨로예 오제로, 2. 까자노브까 I, 4. 안칠 촌. 부장품: 5, 8. 카라수크 IV, 6. 벨로예 오제로, 7, 22~23. 꼴로크, 9, 28. 우이, 10. 아르반, 11~13, 15, 17~19, 21. 베이스까야 샤흐따, 14. 울루스 표도로프, 16, 20. 꾸뗀 불루크, 24~25. 뽀드시냐야, 26~27. 끄이즐라스

그림 61 청동기시대 말기의 전반적 특징

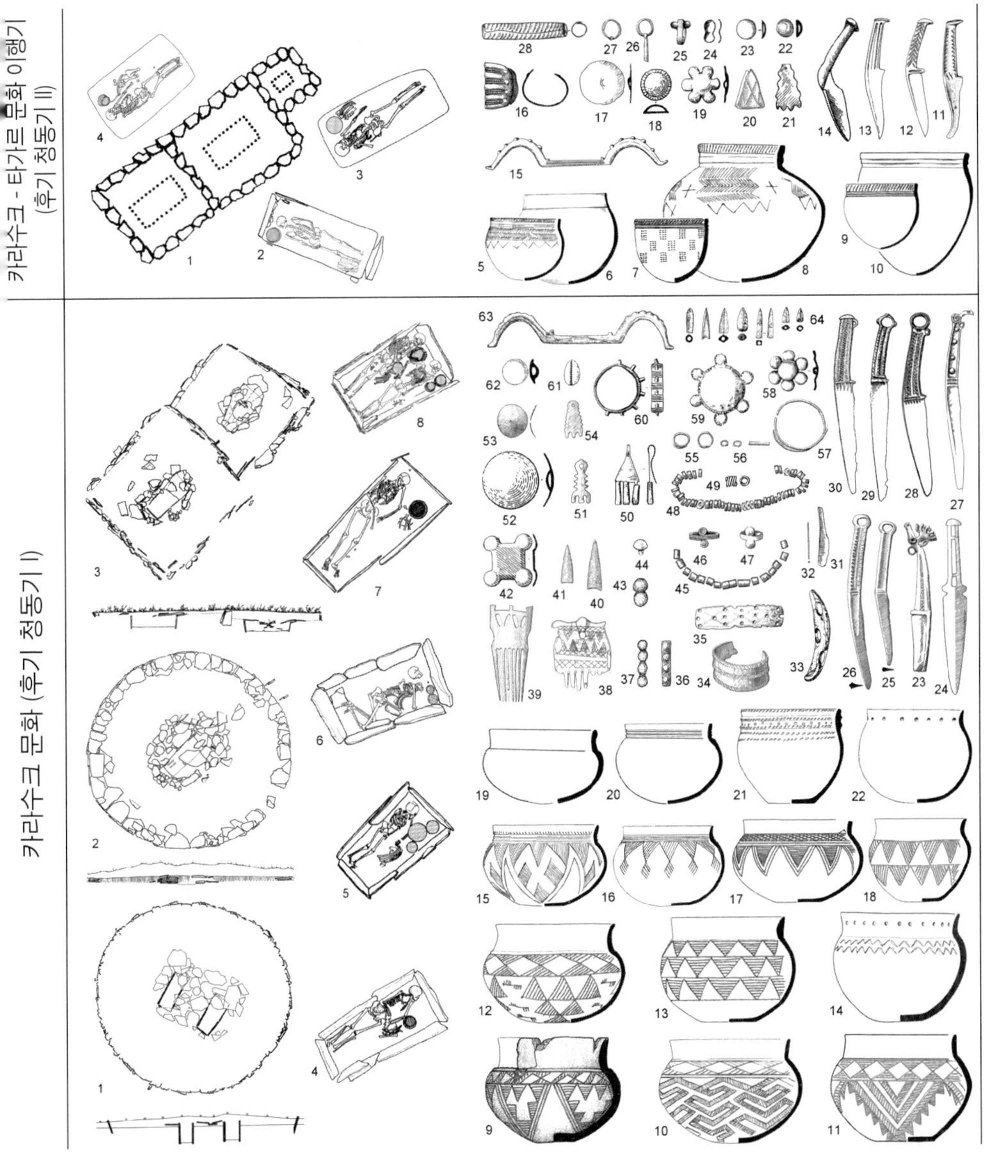
카라수크 - 타가르 문화 이행기
(후기 청동기 II)
카라수크 문화 (후기 청동기 I)

무덤 유적들은 비록 카라수크 문화를 연구하는 데 있어 가장 기본적인 원천자료임에 틀림없지만 이 문화를 모든 측면에서 그리고 완전하게 연구할 수 있는 대상은 아니다. 매장의례에 대한 세부적인 분석을 하지 않은 상태에서 청동기시대 말기의 시기 구분에 대해 두 가지의 서로 모순되는 개념이 형성되었다(그림 61).

몇몇 연구자들은 일련의 속성들(호석의 형태, 무덤의 형태, 유물들)을 통해 카라수크 문화시기에 해당되는 두 개의 편년적 단계(카라수크 단계와 까멘느이로그 단계)를 설정하였다(그랴즈노프, 1968, 186쪽; 막시멘꼬프, 1975, 53쪽; 바데쯔까야, 1986; 뽈랴꼬프, 2002 등등). 하지만 다른 연구자들은 그 첫 번째 단계는 카라수크 문화에 속하는 것으로 파악하였으면서도, 그 두 번째 단계를 별도의 문화로 파악하면서 "베이스까야" 그룹이라는(흘로브스띠나, 1963, 14쪽), "비(非)카라수크" 그룹이라는(노브고로도바, 1965, 171~176쪽), "루갑스까야" 문화라는(츨레노바, 1963, 49~55쪽) 다른 명칭으로 각각 불렀다.

청동기시대 말기의 시기 구분은 논쟁적이지만, 어떤 경우에 있어서도 두 개의 편년적 단계가 구분된다. S. 레그란드는 이 두 편년적 단계를, 두 번째 단계에 대한 여러 명칭을 회피하기 위해, 카라수크 문화는 후기 청동기 1(LBA 1)로, 그 다음 단계는 후기 청동기 2(LBA 2)와 같은 방식으로 표기하였는데, 이 문제는 향후 새로운 검토가 필요하다(Legrand, 2010)(그림 61).

청동기시대 말기의 매장 의례와 부장품들에 대한 체계적인 연구는 본원적인 카라수크 문화의 매장 의례의 구분을 통해 청동기시대 말기의 시기 구분 문제를 분명하게 할 수 있게 하였다. 카라수크 문화가 후기 청동기 1단계에 속하는 것으로 규정할 수 있었고, 그리고 후기 청동기 2단계를 카라수크 문화와 타가르 문화의 사이에 위치하는 중간적인 편년적 · 문화적 단계로 파악할 수 있게 되었다.

편년적 · 문화적 일람표(그림 62)는 매장 건축과 피장자의 자세가 후기 청동기 2단계와 타가르 문화 초기에 서로 매우 흡사함을(기본적으로 방형 호석, 목재로 무덤을 덮은 점, 등으로 아래로 피장자를 안치한 점, 두향을 남서향으로 한 점 등), 그리고 카라수크 문화의 매장의례와는 크게 차이가 남을(다른 형태의 것들 이외에도 판돌들을 수평으로 쌓아 만든 원형 호석들이 있는 점, 사다리꼴의 석성들이 있는 점, 목재로 무덤을 덮은 경우가 없는 점, 피장자의 자세가 기본적으로 왼쪽 측면으로 누워 있는 점, 두향이 북동향인 점 등) 보여주고 있다.

토기의 모양과 문양도 후기 청동기 1단계의 것들은 후기 청동기 2단계 및 타가르 문화 바이노프 단계의 것들과 서로 차이가 난다. 후기 청동기 2단계의 토기들은 타가르 문화 바이노프 단계의 것들과 모양은 서로 차이가 나지만, 몇몇 문양 모티브들과 문양의 배치가 매우 흡사하다(그림 62).

만약에 우리가 청동 유물들의 변화를 관찰한다면 상황이 약간 다름을 알 수 있다. 후기 청동기 2단계의 청동 유물들은 카라수크 문화에 특징적인 요소들을 가지고 있음을(용도 불명 청동 유물, 6엽의 패식, 물갈퀴 모양의 펜던트, 가락지 등등), 몇몇 요소들은 심지어 초기 타가르 문화에 특징적임을(원추형 펜던트, 부형이 딸린 반구상의 패식 등등), 그리고 몇몇 요소들은 본원적임을(가(假)접칼, 부형이 딸린 삼각형 패식 등등) 검증할 수 있다(그림 62). 그렇지만

	Карасукская культура (БП 1) 카라수크 문화 (후기 청동기 1)	БП 2 후기 청동기 2	Тагарская культура (Байновский этап) 타가르 문화 (바이노프 단계)
• Форма оград 호석의 모양 • Конструкция оград 호석의 구조 • Покрытие могил 무덤 덮개	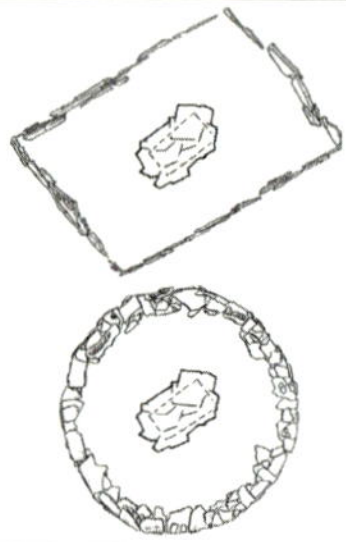	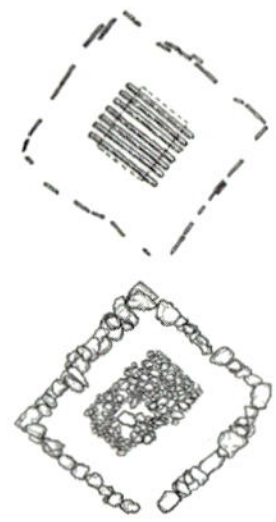	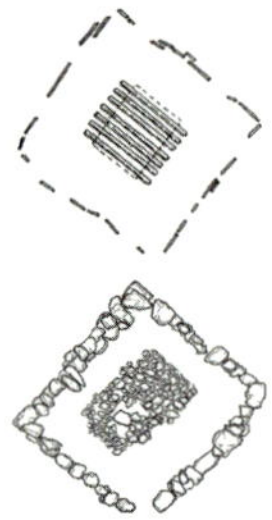
• Тип могил 무덤 유형 • Положение пгребеного 파장자의 자세		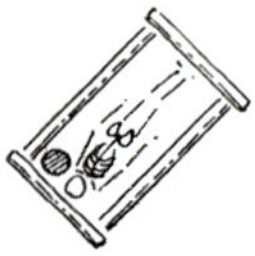	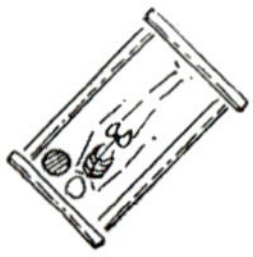
• Керамическая посуда 토기	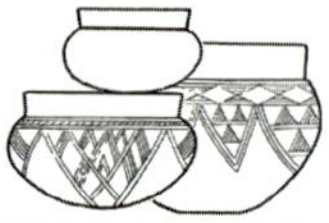	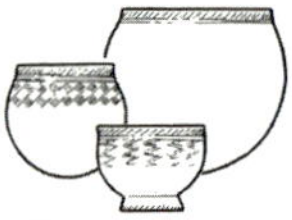	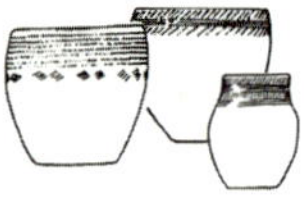
• Бронзовые ножи 청동 손칼		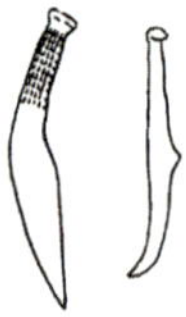	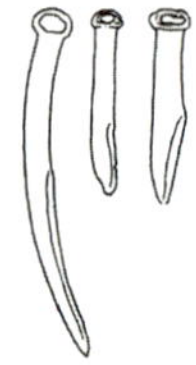
• ПНН "용도 불명 유물"			
• Бронзовые бляхи 청동 패식 • Бронзовые украшения 청동 장신구 • Бронзовые шилья 청동 송곳	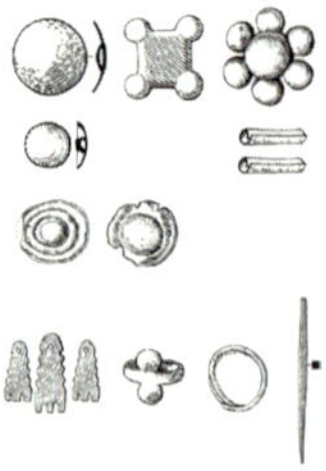		

그림 62 편년 · 문화 일람표

후기 청동기 2단계와 관련해서는 문제가 해결되지 못하였다. 만약에 이 단계가 편년적인 측면에서는 문제 해결이 된다면, 이 단계의 문화적 귀속성 문제는 아직 분명하지 못한 상태로 남아 있다.

방사성탄소 연대들은 청동기시대 말기의 편년을 세부 조정할 수 있게 하였다. 방사성탄소 연대들에 따르면, 카라수크 문화(후기 청동기 1단계)는 기원전 14~10세기로, 후기 청동기 2단계는 기원전 11~9세기로 각각 편년된다. 바이노프 단계는 현재 기원전 10~8세기로 편년된다. 따라서 설정된 편년에 따라 그리고 이미 검토한 유사한 요소들에 따라 후기 청동기 2단계를 타가르 문화 형성의 프로토 단계로 볼 수 있는가하는 질문이 제기된다. 오직 바이노프 단계와 후기 청동기 2단계의 모든 고고학 원천 자료들에 대한 치밀한 비교만이 이 문제를 해결할 수 있을 것이다.

몇몇 연구자들은 카라수크 문화의 내적 시기 구분을 이 문화에서 가장 많은 수량으로 발견되는 토기의 형태 및 문양의 변화를 기준으로 설정하였다(노브고로도바, 1970, 34~51쪽; 쟈블린, 1977, 24~25쪽; 뽈랴꼬프, 2009, 455쪽). 그렇지만 유적들에 대한 그와 같은 구분들은, 유감스럽게도, 새로운 자료들에 의해 항상 뒷받침되는 것은 아니며, 그렇기 때문에 그러한 시기 구분이 정확한지 의구심이 생겨난다. 그와 같은 내적 시기 구분을 할 때에는 모든 속성들과 구성 요소들을 총체적으로 검토하는 것이 반드시 필요하다. 그 어떤 하나의 고분군(말르이예 꼬뻬느이 3 고분군 혹은 뀨르게네르 1 고분군) 자료를 통해 확립한 법칙성을 문화 모두에 전체적으로 적용할 수는 없다(뽈랴꼬프, 2009).

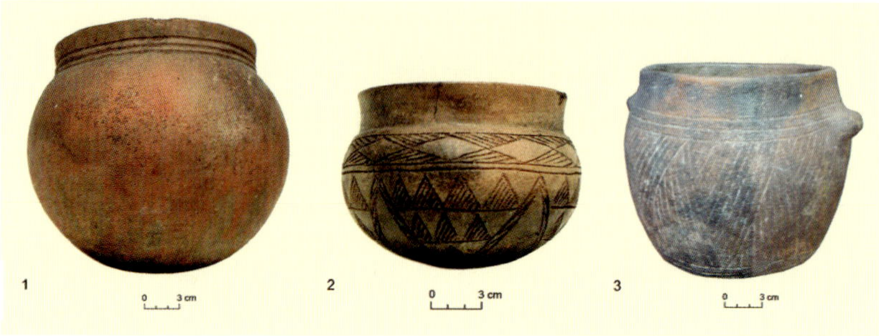

1~2. 반구상의 혹은 타원형의 형태들(수호에 오제로 II 고분군),
3. "나무통" 모양의 원통형 형태(까멘까 고분군)
그림 63 토기의 범주들

카라수크 문화의 토기들은 두 가지의 범주로 구분된다:

1. 구상 혹은 포물선 모양의 토기들. 둥근 혹은 편평한 저부와 따로 구분되는 경부가 있다. 크기는 5~30㎝ 사이로 변동을 보이는데, 이는 그 기능이 다양하였기 때문인 것으로 설명될 것이다(음식물 조리, 보관 등등)(그림 63, 1~2)
2. "작은 나무통" 모양의 원통형 토기들. 편평한 저부와 두 개의 손잡이 혹은 매달기 위한 구멍들이 있다. 크기는 10~12㎝로 변동을 보인다. 이 모양 토기들은 드물게 발견되며 그 기능은 분명하지 못하다(그림 63, 3).

토기는 문양이 없는 것(34%)과 기하무늬로 장식된 것(66%)이 있다. 기하무늬에는 여러 종류의 기하 형상들(삼각형, 능형, 지그재그, 번개무늬, 원 등등)이 있으며, 그때의 장인들은 그 기하 형상들을 통해 복잡한 구도를 만들어 내었다(그림 64).

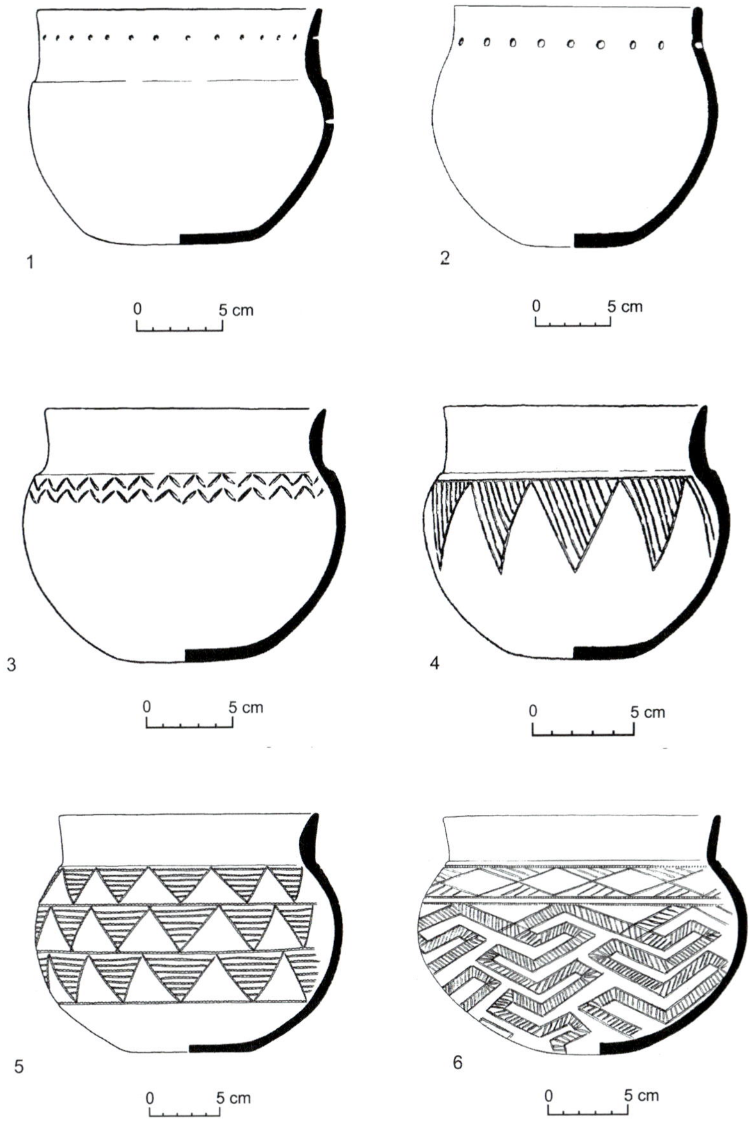

1, 3~4. 말르이예 꼬뻬느이 III 고분군 출토(L.P.쟈블린, 1977), 2. 안칠 촌 고분군 출토,
5. 큐르겐네르 II 고분군 출토, 6. 오라크 III 고분군 출토

그림 64 유형들과 문양의 분포 위치들

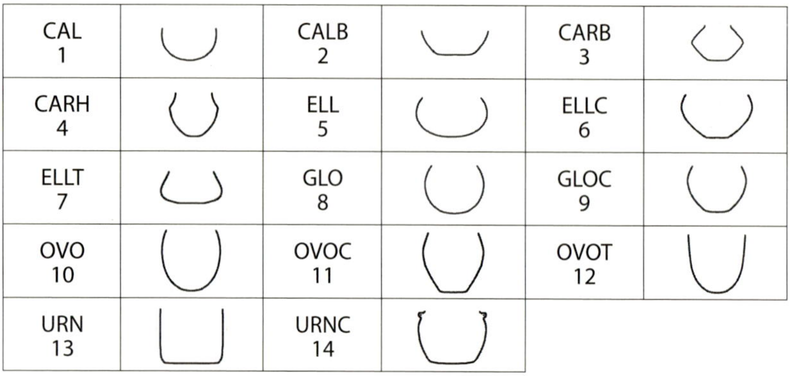

CAL: 반구형, CALB: 절단 반구형, CARB: 꺾임 유선형(능형), CARH: 상부가 급격하게 축약되는 유선형, ELL: 포물선형, ELLC: 절단 포물상 유선형, ELLT: 절단 포물상 절단 원추형, GLO: 구형, GLOC: 굴곡부가 있는 구상 유선형, OVO: 계란형, OVOC: 굴곡부가 있는 계란상 유선형, OVOT: 절단 계란형, URN: 원통형, URNC: 상부에 굴곡부가 있는 원통상 유선형

그림 65 동체의 형태를 기준으로 한 카라수크 문화 토기들의 14개 유형들

토기들에 대한 형태학적 연구는 토기 동체의 모양을 기준으로 14개 유형의 토기를 구분할 수 있게 하였다(그림 65). 이 동체 모양에 따른 유형들은 바닥의 모양, 높이, 경부의 모양 등과 같은 다른 범주의 속성들과 상호 비교되었다. 토기 유형들, 경부 유형들에 대한 요인 상관관계 분석의 포물선 모양 투영이 보여주고 있듯이 구연부의 높이가 편년적 변화의 요인이었음이 확인되었다(그림 66). 토기의 변화가 높은 경부(전기)(그림 66, A)에서 시작하여 중간 높이 경부(후기)(그림 66, Б)를 지나 낮은 경부(가장 늦은 시기)(그림 66, B)로 변화하였다고 지적할 수 있다. 이 변화의 편년적 성격은 우리가 청동기시대 중기부터 후기 청동기 2단계까지의 토기들의 변화 양상과 비교할 때에 바로 뒷받침된다(그림 67). 토기 높이와 다른 범주의 속성들을 상호 비교한 다음에 3개의 편년적 단계에 특징적인 일련의 토기

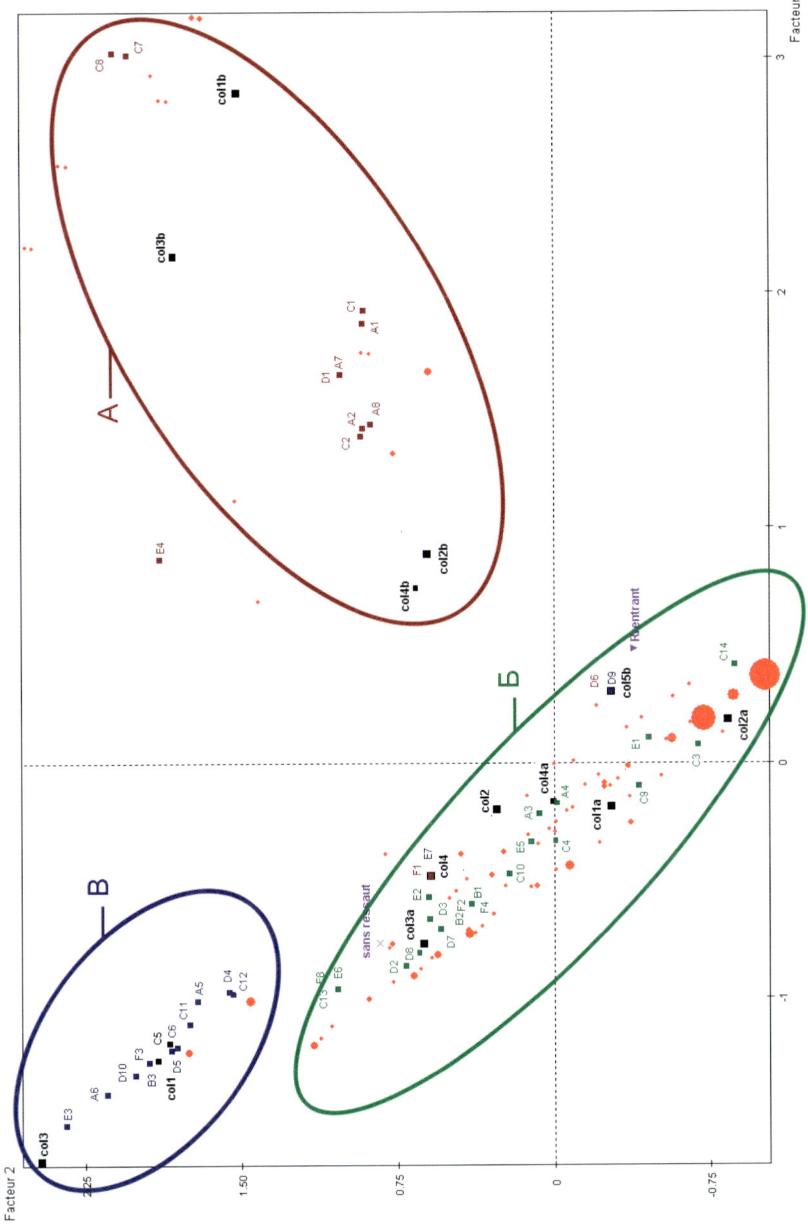

그림 66 토기 유형과 토기 경부에 대한 세부 요소 상관관계 분석도

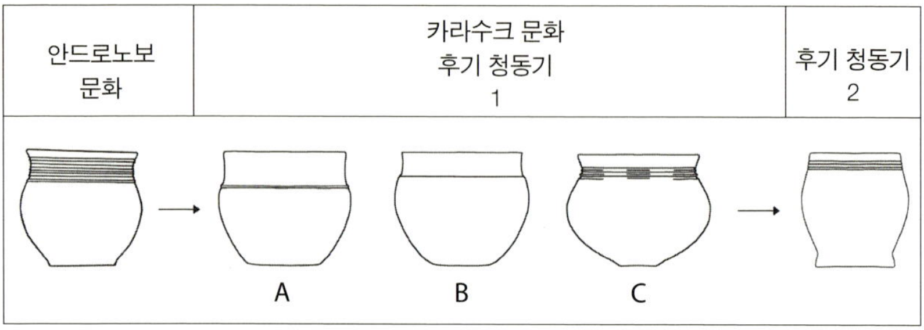

그림 67 청동기시대 중기부터 청동기시대 후기(후기 청동기 II 단계)까지의 토기 구연부의 높이의 변화

들을 구분해 낼 수 있었다.

A단계: 높은 경부가 있는 토기들. 동체부는 타원체 혹은 절단 · 구상의 모양이며, 편평한 바닥이 있고, 견부에는 턱과 문양이 있다. 동체 전체에 문양이 시문되기도 하였다.

B단계: 중간 높이의 경부가 있는 토기들. 동체부는 기본적으로 타원체 모양이며, 둥근 바닥이 있고, 대개 경부에 턱과 문양이 있다.

C단계: 낮은 경부가 있는 토기들. 동체부는 구상 혹은 계란 모양이다. 턱이 없다. 둥근 혹은 편평한 바닥이 있다. 경부의 위 부분에 문양이 있다.

매장 의례 관련 자료들에 대한 분석은 편년적 요인으로서의 몇몇 건축적 범주들 - 호석 및 석상의 형태 - 을 구분해 낼 수 있게 하였다. 이 범주들은 3개의 토기 편년 단계들과 상호 비교되었고, 이는 카라수크 문화(후기 청동기 1단계)를 3단계로 세분할 수 있게 하였다.

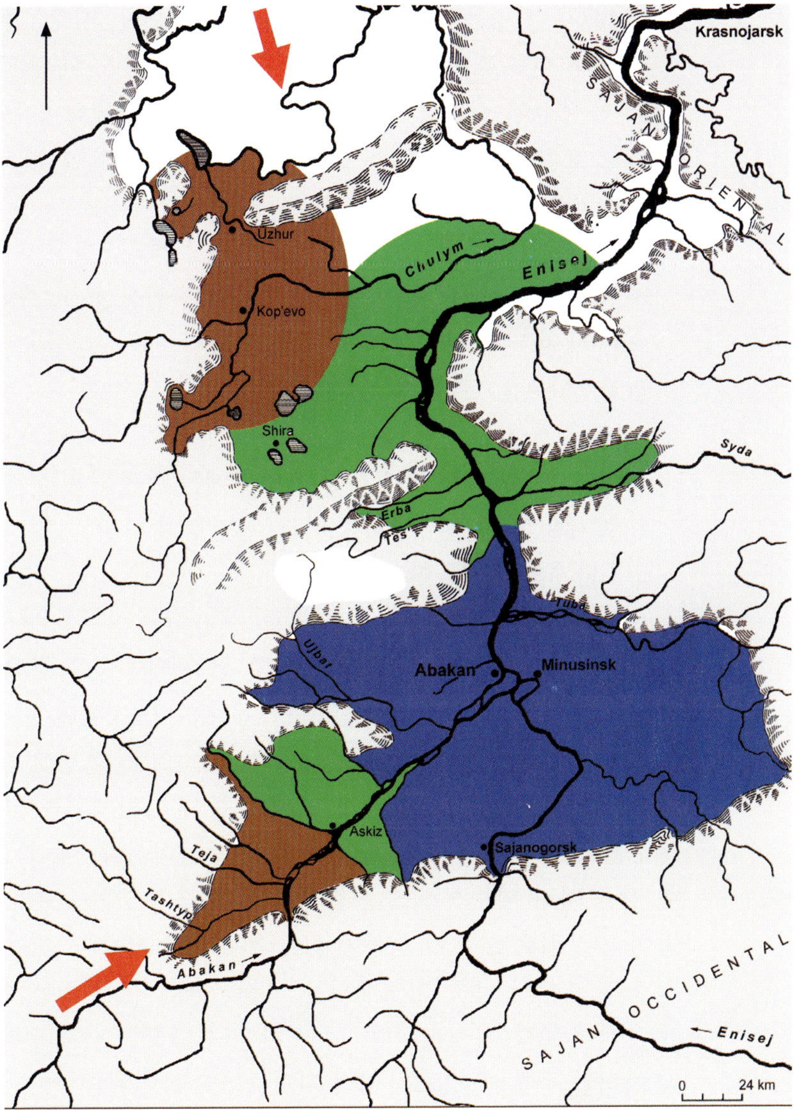

후기 청동기 1A　　후기 청동기 1B　　후기 청동기 1C

그림 68 지리적으로 본 카라수크 문화의 형성 및 발전 가설들

LBA 1A(후기 청동기 1A단계): 카라수크 문화의 "시작" 단계이다. 안드로노보 문화의 특성을 많이 가진다. 이 단계의 특징적인 요소들에는 판돌들을 수직으로 세워 만든 원형 호석들, 구지표면에 만든 무덤들, 장방형의 석상들, 그리고 A단계 토기들이 있다.

LBA 1B(후기 청동기 1B단계): 카라수크 문화의 "형성" 단계이다. 이 단계의 특징적인 요소들에는 판돌들을 수직으로 세워 만든 사각형의 호석들, 사다리꼴의 석상들, 그리고 B단계의 토기들이 있다.

LBA 1C(후기 청동기 1C단계): 카라수크 문화의 "마지막" 단계이다. 이 단계의 특징적인 요소들에는 판돌들을 수직으로 세워 만든 사각형의 호석들, 장방형의 석상들, 그리고 C단계의 토기들이 있다.

미누신스크 분지의 토기들과 몇몇 건축 범주들을 통해 관찰되는 지역적 차이들은 카라수크 문화의 편년적 변화를 두 방향에서 밝힐 수 있게 하였다(그림 68). 첫 번째 방향은 북 · 남 방향이다. 미누신스크 분지의 북서 지역에서는 고분군들이 후기 청동기 1A단계에 보다 특징적이다. 예니세이 강을 따라 미누신스크 분지의 중앙 지역 북부는 고분군들이 기본적으로 후기 청동기 1B단계에 특징적이다. 미누신스크 분지의 남쪽 지역에서는 고분군들이 후기 청동기 1C단계에 보다 특징적이다. 그와 같은 경향성은 남서쪽에서 아바칸 · 미누신스크까지의 지역에서도 확인된다.

편년적 요인들과 관련이 없는 지역적 차이들도 또한 구분되었다. 특히 남서쪽 6구역의 유적들은 다른 세부 구역들과 비교하여 다음의 범주들에 의해 차이가 난다: 피장자

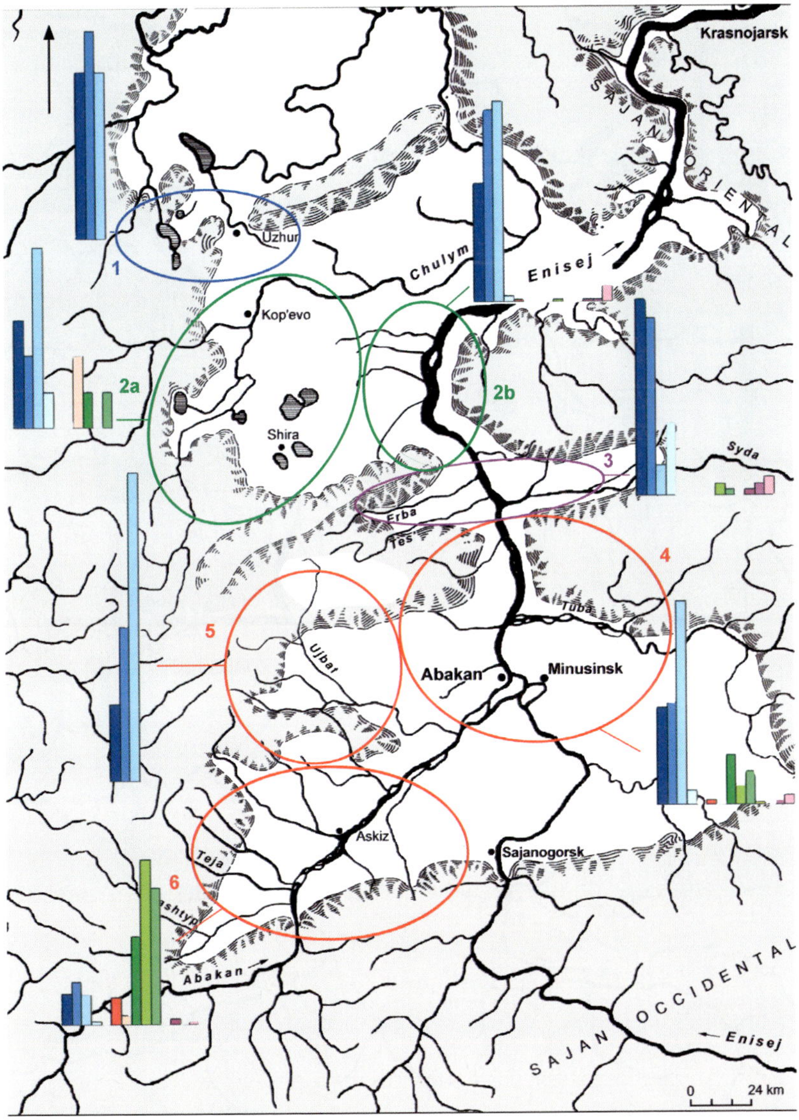

■ E. 동쪽, ■ NEE. 북동동쪽, ■ NE. 북동쪽, ■ NNE. 북북동쪽, ■ N. 북쪽, ■ NO. 북서쪽, ■ NOO. 북서서쪽, ■ O. 서쪽, ■ SOO. 남서서쪽, ■ SO. 남서쪽, ■ SSO. 남남서쪽, ■ S. 남쪽, ■ SE. 남동쪽, ■ SEE. 남동동쪽(피장자들의 방향을 표시함)

그림 69 피장자의 방향과 세부 지리 구역들에 따른 무덤들의 분포 상태

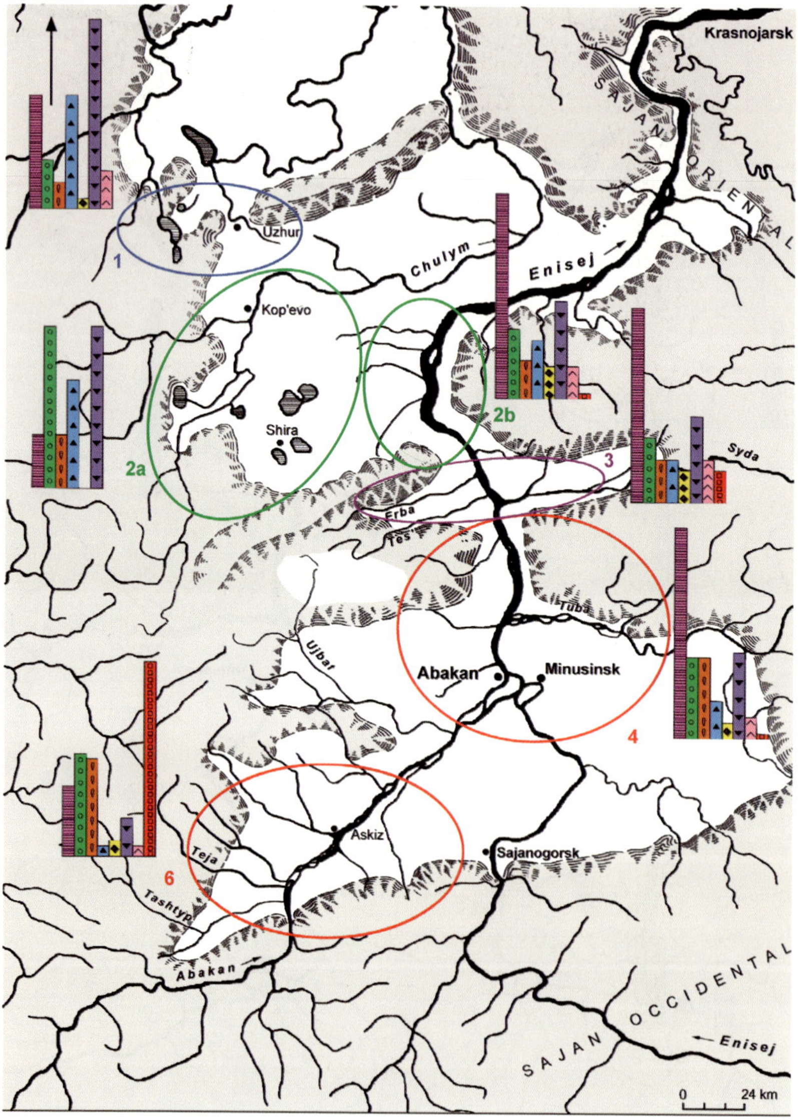

■ a. 3줄의 수평선, ■ b. 원형 압인들, ■ c. 물방울 모양 새김무늬들, ■ d. 침선 삼각형들,
■ e. 침선 능형들, ■ f. 아래로 처진 침선 삼각형들, ■ g. 새김 지그재그들, ■ j. 방형 압인들

그림 70 문양 범주들(a · j)과 세부 지리 구역들에 따른 토기들의 분포 상태

의 방향들이 상반적이고(그림 69), 무덤에 부장된 토기의 수량이 최소한이며, 토기의 문양이 방형의 부형으로 되어 있다(j)(그림 70).

이 관찰들은 카라수크 문화의 형성 과정에 대해 의문을 제기할 수 있게 하였다. 미누신스크 분지의 지리학적 특징들에 대한 연구는 가능한 확산 노선들에 대한 다음의 정보를 제공한다. 미누신스크 분지는 높은 산맥들로 둘러싸여 있는데, 이 산맥들은 오직 두 곳에서만 쉽게 통과할 수 있다. 한 곳은 북서쪽의 나자로프 분지를 통하는 길로서 이곳에는 편평한 회랑들이 오삐 강 상류 지역까지 나 있다. 다른 한 곳은 남서쪽의 길로서 이곳에는 아바깐 강과 아스끼즈 강을 따라 동부 카자흐스탄까지 갈 수 있다(그림 68).

인류학자들은 이구동성으로 카라수크 문화 주민들의 대부분이 유럽인종이라는 결론을 내린다.

A.V.그로모프의 카라수크 자료들에 대한 인류학적 조사들도 가능한 확산 노선들에 대해 뒷받침하고 있다: 북쪽의 인류학적 자료들은 오삐 강 상류 지역의 안드로노보 문화 자료들과 관련이 있고, 남쪽의 인류학적 자료들은 동부 및 중부 카자흐스탄의 안드로노보 문화 자료들과 관련이 있다(그로모프, 1995, 143~148쪽).

이 문제에 대한 형질 인류학적 측면은 또한 모순적이다. 비록 학자들은 카라수크 문화의 대다수 주민들이 유럽인종이었다는데 의견을 같이하지만, 일부 몽골인종 요소도 존재한다. G.B.르이꾸쉬나는, 비록 이 시기에 선행하였던 오쿠네보 문화 주민들과 유전적으로 관련이 있는 주민 개체들이 존재하였다고 생각하면서도, 카라수크 문화 주민들의 카자흐스탄 서부 기원에 대해 말한다(르이꾸쉬나 2007:

91). 하지만 A.V.그로모프는 반대로 오쿠네보 문화 주민들은 카라수크 문화 주민들의 물리적 유형 형성 과정에 참여하지 않았고, 단지 그 분포의 북쪽 지역에서, 어쩌면 투바에서 부분적으로 카라수크 인들에게 동화되었다는 결론에 도달하였다. 미누신스크 분지 카라수크 주민들의 남쪽 그룹들은 지역의 안드로노보 인들보다도 카자흐스탄과 또볼 강 상류 지역의 안드로노보 인들과 더 유사한데, 이는 카라수크 인들의 서쪽 근원에 대해 말할 수 있게 한다(그로모프 2002: 26).

따라서 모든 자료들의 총체는 몇몇 그룹의 사람들이 오삐 강 상류 지역에서 그리고 동부 카자흐스탄에서 청동기 시대 후기의 가장 시작 단계에 남서쪽 및 남동쪽을 통해 미누신스크 분지로 들어오고 그리고 일정 정도 카라수크 문화의 형성을 도왔다는 가설을 제시할 수 있게 한다.

주거 유적들은 충분하게 조사되지가 못하였다. 6개소의 주거 유적은 후기 청동기 1단계에 해당되며, 5개소의 주거 유적은 후기 청동기 2단계와 관련된다(꼬마로바, 1962; 세바스찌야노바, 1976; 그랴즈노프, 1979; 사비노프, 1996; 꼬또쉐꼬프, 1995).

주거 유적들은 예니세이 강과 여러 작은 강들의 강변 테라스들에 고분군들과 멀지 않는 거리(대략 1~2㎞)에 위치한다. 주거 유적들의 구조는 발굴된 주거지들이 장방형의 수혈을 가졌고, 땅 속으로 들어간 깊이는 0.3~1m임을 보여주었다. 주거지들의 면적은 17~262㎡ 사이로 변동을 보인다. 3개 유형의 주거지 벽 구조를 확인할 수 있었다.

1. 수직의 나뭇가지들로 된 것(또르가쟈크 주거 유적)

2. 수평의 통나무들로 된 것, 2열의 기둥들로 고정(기둥 간격은 2.5m)(또르가쟈크 주거 유적)
3. 엮은 회초리들로 된 것, 점토를 바르고 두꺼운 수직의 통나무들로 고정(뜬추흐 주거 유적)

주거지 벽들의 양호한 보존 상태 덕분에 뜬추흐 주거 유적과 또르가쟈크 주거 유적에서 지붕이 사방으로 경사진 지붕이었음을 밝힐 수 있었다. 몇몇 주거지들은 지붕이 있

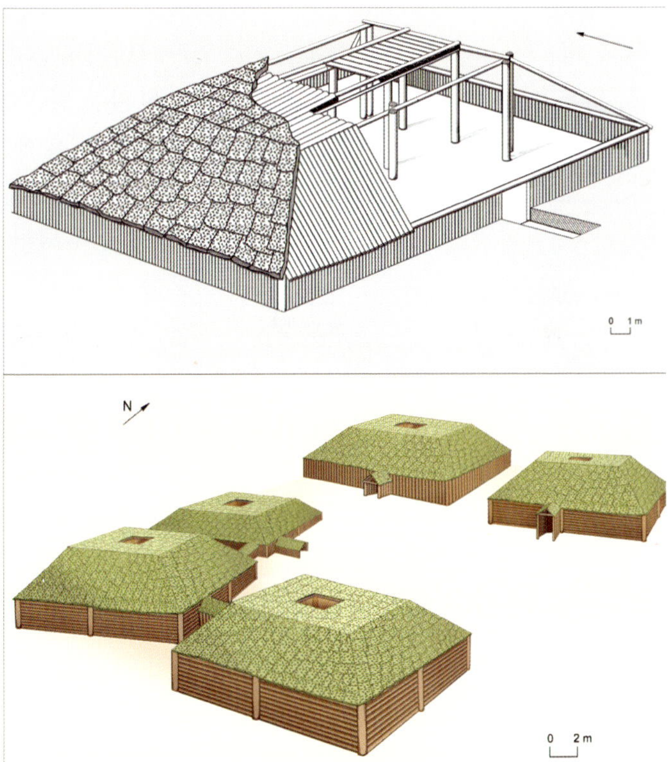

그림 71 또르가쟈크 1호 주거지 및 마을의 복원

는 수혈 현관과 연결되어 있다(까멘느이 로그 1 주거 유적, 또르가쟈크 주거 유적).

카라수크 문화 주거지 건축 요소들의 분석은 또르가쟈크 주거 유적의 일부를 복원할 수 있게 하였다(그림 71). 이 복원도들은 목재 건축 발전의 일정한 수준을 보여주며, 이는 다양한 종류의 벽과 지붕이 있는 대형 건축물의 축조에서 확인된다.

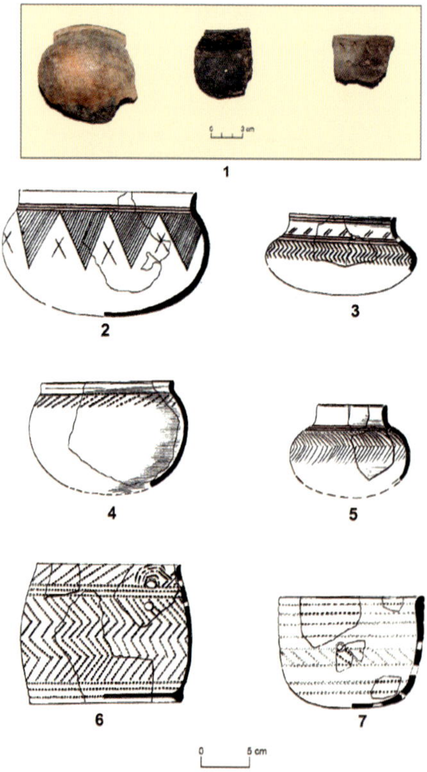

1. 까멘까 IV,
2~7. 또르가쟈크(D.G.사비노프, 1996)

그림 72 주거 유적들에서 출토된 토기 및 토기 편들

주거 유적들에서는 매장 복합체들에서와 유사한 문양으로 장식된 및 문양으로 장식되지 않은 다량의 토기들이 출토되었다(그림 72). 모든 주거 유적들에서 석제 공이들, 갈판들, 어망추들, 갈돌들, 무늬가 있는 자갈돌들, 청동 낫들, 청동 패식들, 청동 가락지들, 청동 송곳들, 골제 빗들, 골제 타마기들, 골제 재갈멈치들, 뿔로 만든 제품들(그림 73), 그리고 다량의 가축(양, 소, 말, 개) 및 야생 동물(사슴, 붉은 사슴, 야생 당나귀, 산양 등등)의 뼈들이 발견되었다.

주거지들의 구조는 주거지들이 장기간에 걸쳐 사용

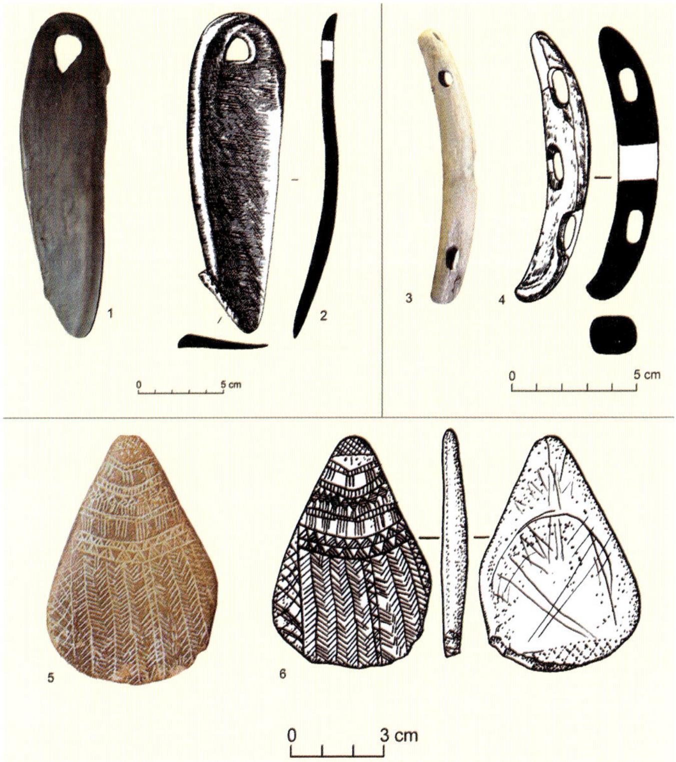

1. 우연히 발견된 유물, 2. 또르가쟈크(D.G.사비노프, 1996), 3~4. 골제 재갈멈치(1. 까멘느이 로그 Ⅰ, 2. 또르가쟈크, D.G.사비노프, 1996), 5~6. 또르가쟈크 출토 문양이 있는 자갈돌들(6: D.G.사비노프, 1996)

그림 73 1~2. 청동 낫, 3~4. 골제 재갈멈치, 5~6. 문양이 있는 자갈돌

되었음을 보여주었는데, 의심의 여지없이, 그 주거지들은 상시적인 주거용이었을 것이다. 카라수크 주민들의 정착성은 주거 유적들에서 발견된 동물 유체들의 종류를 통해서도 포착되는데, 이는 청동기시대 말에 산지 목축(양과 말)과 정주 목축(큰 뿔 가축)이라는 두 가지 유형의 목축이 존재하였음을 증명한다.

그림 74 까멘느이 로그 1 유적 출토 청동 물품 제작을 위한 토제 거푸집 조각들

다양한 주거지들에 대한 기능적 해석은 주거 유적들에 다양한 수공업(토기 제작, 석 제품과 골 제품과 청동 제품 생산)을 위한 공간들이 존재하였음을 밝힐 수 있게 하였다. 그 외에도 주거 유적 자료들의 분석은 적어도 주거 유적들에서의 가내 수공업과 구리용해 및 광석을 수반하는 전문화된 수공업이라는 두 가지 수준의 청동 주조 생산에 대해 추적할 수 있는 가능성을 제공한다.

미누신스크 분지에서 청동 야금술 발전의 극성기는 바로 카라수크 문화에서 일어났다. 이는 안드로노보 문화와 비교하여 기술적 혁신들이 이루어진 사실에서 확인된다. 석제 양면 거푸집들이 토제와 청동제의 거푸집들로 대체된다(나우모프, 1972, 140쪽)(그림 74). 이는 질적으로 우수한 다양한 종류의 청동 제품 제작 과정을 쉽고 빠르게 할 수 있게 하였다.

카라수크 문화의 청동 손칼 및 광대한 영역에서 확인되는(카자흐스탄에서 중국 북방 지역까지) 그 유사품들에 대한 연구는 수많은 연구자들에 의해 특히 주목되었고, 그 연구자들은 카라수크 문화 청동 손칼의 기원 장소를 밝히려 노력하였다.

현재 카라수크 문화 청동 손칼의 기원에 대해서 흔히 서로 모순적인 몇 개의 가설이 존재한다.

1. 자생적(현지) 기원설(M.P.그랴즈노프; G.A.막시멘꼬프). M.P.그랴즈노프는 예니세이 강에서 중국까지의 광대한 영역에 걸쳐 분포하는 카라수크 모양의 손칼들과 단검들이 몽골 스텝에서 도래한 그리고 자신의 입맛에 맞게 현지 주민들에 의해 가공된 몇몇 요소들을 가지고 있다고 생각하였다(Gryaznov, 1969).
2. 중부아시아(몽골) 기원설은 청동 손칼에 대한 분석을 토대로 일련의 연구자들이 증명하였다. W.왓슨은 실제적인 카라수크 예술은 상(商)의 청동기에 전형적인 조건부적 스타일과는 크게 차이가 남을 지적하였는데, 그의 의견에 따르면, 이것은 남부 시베리아와 중국에 영향을 끼친 중부 아시아의 그 어떤 스텝 문화의 독립적인 존재에 대해 증명한다(Watson 1961). E.A.노브고로도바와 V.V.볼꼬프는 이와 비슷한 관점을 지지한다. 이들은 청동 유물들(특히 단검과 가(假)접칼을 제외한 손칼)이 중부아시아의 남쪽 스텝들에서 미누신스크 지역으로 가져온 것이라고 생각하였으며, E.A.노브고로도바의 의견에 따르면, 미누신스크 지역은 중심지가 몽골의 북부, 서부, 남서부 및 중국 북방 지역인 카라수크 세계의 북서 경계 지역이었다(노브고로도바 1970).
3. 카라수크 문화 손칼과 단검의 중국 및 오로도스 기원설은 S.V.끼셀료프(1960)가 제시하였다. 비록, 그의 의견에 따르면, 그 시작의 단초는 카자흐스탄과 시베리아에 있

었지만 말이다.

4. 이란 기원설. M.로에르와 나중의 N.L.츨레노바는 카라수크 문화의 개별 요소들(손칼들과 동물 양식)을 이란 지역과 그 인접 지역들에서 찾고 있다(Loehr, 1951; 츨레노바, 1967).

청동 제품들에 대한 스펙트럼 분석을 토대로 하는 후기 청동기 1단계의 금속 생산 연구, 그리고 청동 제품들에 대한 형태학적 연구는 카라수크 청동 손칼 및 카라수크 유형 청동 손칼의 기원 문제에 대해 결정적인 답변을 할 수 있게 하였다. 카라수크의 손칼들이 국부적으로 제작되었음이, 카라수크 유형의 손칼들(미누신스크 분지 밖에서 발견된)이 혹은 이 청동 손칼 생산의 처음 중심지였던 미누신스크 분지에서 생산되었음이, 혹은 다른 생산 중심지들 - 오르도스 혹은 중국 - 에서 생산되었음이 밝혀졌다(Legrand, 2004, 139~156쪽).

질문이 제기된다. 어떤 요인들이 카라수크 주민들에게 바터 무역을 위한 다량의 청동 제품을 생산하게 자극하였는가? 이 질문에 대한 가능한 답변은 다음의 방식으로 표현할 수 있을 것이다. 교환의 등가물이 미누신스크 분지에는 없는 주석 형태의 원료였을 것이라고 추정해 볼 수 있다. 주석의 산지는 투바, 몽골, 자바이칼, 동부 카자흐스탄 등등에 위치하였다. 또한 산만한 양 목축과 기승용으로서의 말 이용의 강화를 수반하는 반정착 생활양식으로의 이행은 광대한 거리에 대한 교역의 전제 조건들을 만들었다고 추정할 수 있을 것이다. 청동 제품들의 대량 생산과 교역은 공동체의 일정한 계층화를 촉진시켰고, 그 공동체는 두 가지 유형의 경제(산만한 목축과 야금술 생산)와 반(半)정착 생활양식에 토대를 둔 체절(體節)적인 것으로 규정될 수 있을 것이다.

공동체의 계층화는 무덤 자료들에 대해 분석을 실시할 때에 신분적 지표들로 파악할 수 있는 준거들을 규정하면서 확인되었다.

- 무덤 호석의 크기
- 호석의 구조
- 무덤의 크기
- 무덤 구조물을 덮은 시설
- 토기와 고기 음식의 수량
- 위세 물품들의 존재(허리에의 손칼, 별보배조개 모방품 등등)

출르이모 · 예니세이 분지에 예니세이 강을 따라 분포하는 높은 비율의 봉분이 있는 대형 무덤 구조물들과 무덤 복합체들에 보이는 다량의 위세 물품들은 이 지역에 집중된 그 어떤 정치적 권력을 가진 일정 계층의 주민의 존재를 추정할 수 있게 한다.

카라수크 문화의 내부에서 발생한 혁신들(개량된 청동 물품의 대량 생산, 폭넓은 교역, 경제적 목적을 위한 말의 사용)은 타가르 문화의 형성을 크게 촉진시켰다.

타가르 문화

타가르 문화(기원전 10~3세기)는 비록 그 유적들이 예외적으로 미누신스크 분지에 집중되어 있지만 그 청동 유물들은 광대한 영역에서 발견되는 중부 아시아의 강력한 스키타이 유형 문화들 중의 하나이다. 타가르 문화의 이른 시기 유적들에서는 카라수크 문화 및 서쪽 지역들과 유전적으로 관련된 그리고 기원전 1천년기 전반에 예니세이 강 중류 지역의 문화적 혁신들에서 카자흐스탄・중앙아시아의 맥박을 보여주는 요소들이 관찰된다(보꼬벤꼬 2010). 이 시기에는 앞 시기와 비교하여 기후가 보다 다습해지고 따뜻해진다. 계속된 동물의 가축화가 진행되었고, 도처에서 말을 기승용으로 길들였으며, 목인 공동체에서 이동성의 유목 목축 시스템으로 결정적으로 이행하였다.

타가르 문화 쿠르간들에 대한 첫 번째의 발굴 조사는 1722년 D.G.미세르쉬미드트가 인솔하는 학술조사단의 일원이었던 F.I.스트랄렌비르그에 의해 실시되었다. 그 이후에는 18~19세기에 타가르 문화의 개별 유적들을 I.G.그멜린, P.S.빨라스, M.A.까스뜨렌, V.V.라들로프 등이 발굴하였다. 그렇지만 이 문화에 대한 학술적인 연구는 D.A.끌레메네찌와 A.V.아드리아노프와 관련된다. 이들의 활동은 타가르 문화 무덤 유적들의 다양성을 밝힐 수 있게 하였다.

1920년대부터 시베리아와 중부 아시아의 고고학 유적들에 대한 연구에서 S.A.떼쁠로우호프, G.메르하르트, S.I.루덴꼬, S.V.끼셀료프, M.P.그랴즈노프 등과 같은 걸출한 전문 고고학자들의 이름과 관련된 새로운 단계가 시작된다.

S.A.떼쁠로우호프는 미누신스크 분지의 문화들에 대해 시기구분을 하였다(S.A.떼쁠로우호프, 1929). 그는 미누신스크 분지의 쿠르간 문화를 스키타이 시대로 파악하였고, 나중에 S.V.끼셀료프는 그 쿠르간 문화를 타가르 섬의 가장 특징적인 쿠르간 발굴 조사를 통해 타가르 문화로 명명하였다. S.A.떼쁠로우호프는 무덤 건축물의 구조, 매장 의례, 부장품 등의 변화를 토대로 타가르 문화를 4단계로 시기 구분하였다. 이 시기 구분은 나중에 M.P.그랴즈노프가 다시 조정하였다(M.P.그랴즈노프, 1968).

S.V.끼셀료프의 총괄적인 단행본은 시베리아와 중부 아시아 민족들의 고고학과 역사 연구에 있어 매우 중요한 단계에 해당된다(S.V.끼셀료프, 1951). 그는 이 저서에서 이 지역 고대 주민들의 문화 형성과 발전 문제를 거의 모두 건드렸으며 그리고 당시까지 축적된 모든 고고학 자료를 총괄하였다. S.V.끼셀료프의 의견에 따르면, 남부 시베리아의 스키타이 문화들은 기원전 7세기경에 완전하게 형성되었다. 그는 타가르 문화에서 다음의 3개 단계를 구분하였다.

1단계: 기원전 9~7세기
2단계: 기원전 7~4세기
3단계: 기원전 3세기~기원 전후

그렇지만 가장 대중적인 시기구분은 떼뻴로우호프와 그랴즈노프가 제시한 안이다. 레닌그라드 대학교 시베리아 고고학 강의에서 M.P.그랴즈노프는 50~60년대에 타가르 문화에 대한 자신의 시기구분을 제시하였는데, 그 시기구분은 나중에 1968년에 간단한 형태로 출간되었다. M.P.그랴즈노프는 유전적으로 청동기시대의 현지 카라수크 문화로 거슬러 올라가는 타가르 문화의 무덤 건축 구조, 매장 의례, 부장품 등의 변화를 토대로 다음의 상호 교체되는 4개의 단계를 설정하였다.

I 단계: 바이노프 단계(기원전 7세기)
II단계: 뽀드고르노보 단계(기원전 6~5세기)
III단계: 사라가쉬 단계(기원전 4~3세기)
IV단계: 떼시 단계(기원전 2~1세기)

상 뻬쩨르부르그의 물질문화사연구소 끄라스노야르 학술조사단 및 예니세이 중류 지역 학술조사단의 집중적인 조사 결과 확보된 새로운 자료의 축적 덕분에 이 시기 구분은 세부 조정 및 세분화되고 있다(7개의 상호 교체되는 단계가 구분되었고, 그 중의 시작 단계는 기원전 8세기로 편년되었다)(그랴즈노프, 1979).

미누신스크 분지 문화들의 역사적 발전 과정에 대해 N.L.츨레노바는 다른 관점을 제시하였다(N.L.츨레노바,

1967). 그녀는 미누신스크 분지에 유전적으로 서로 다른 청동기시대의 문화들에서 기원하는 몇 개의 문화들 및 문화 그룹들이 동시적으로 존재할 수 있다고 생각하였다(츨레노바, 1972). 무덤 구조물들과 매장 의례의 변화에 대해 고려를 하지 않은 채로 손칼과 무기를 통해서만 여러 단계의 고고학 유적들을 편년한 N.L.츨레노바의 접근 방식도 매우 논쟁적인 문제로 남아 있다. 게다가 몇몇 세부 구역들(쵸르노바야 강 유적, 카라수크, 떼쁘세이 산 부근)에서의 수많은 문화들에 속하는 고고학 유적들에 대한 조사는 한 영역에서의 두 개 혹은 그 이상의 문화들의 공존에 대해 뒷받침하는 대신에 문화 · 역사적 단계들의 순차성(카라수크 단계 · 까멘느이로그 단계 · 바이노프 단계 등등)을 충분히 확인시켜 주었다(막시멘꼬프, 1975, 48~58).

기본적으로 M.P.그랴즈노프의 4단계 시기 구분이 이용되고 있으며, 새로운 유적 조사 내용들은 그의 시기 구분과 잘 상응한다(바데쯔까야, 1986; 보꼬벤꼬, 모쉬꼬바, 모길니꼬프 1992; 보고벤꼬, 끄라스니옌꼬, 1988; 보꼬벤꼬, 스미르노프, 1998; 알렉산드로프, 빠울스, 뽀돌스끼, 2001). 타가르 문화 초기의 특성들에 대한 세부 분석이 몇몇 단계의 편년적 틀을 재검토하게 하고 그리고 타가르 문화의 시작을 적어도 기원전 10~8세기까지 올려 볼 수 있게 하는 사실은 매우 중요하다(보꼬벤꼬, 2010, 99~103쪽). 그와 같은 이른 연대로의 편년은 전 세계 여러 연구실들에서 행한 수많은 방사성탄소 연대들에 의해서도 뒷받침된다.

이 연구 결과들은 유물들에 대한 첫 번째의 체계화 시도로서, 시베리아의 고대 역사 재현을 위한 의미 부여로서 매우 중요하였다. 비록 구분된 각 단계의 절대 연대들은 나중에 세부 조정이 필요하였지만 말이다.

현재 각 단계의 절대 연대들은 이 문화 유적들에 대한 다수의 방사성탄소 연대 덕분에 구체화되었다(보꼬벤꼬 외, 2005; 알렉세예프, 보꼬벤꼬 외, 2005; 뾸랴꼬프, 스뱌뜨꼬, 2009).

바이노프 단계: 기원전 10~8세기
뽀드고르노보 단계: 기원전 8~6세기
사라가쉬 단계: 기원전 7~3세기
떼시 단계: 기원전 2세기~서기 2세기

최근에는 타가르 문화의 마지막 떼시 단계가 이 단계에만 본질적인 독특한 특성들을 가지는 독자적인 떼시 문화로 해석되기도 한다(꾸지민, 2011). N.Yu.꾸지민이 제기한 기원전 2세기~서기 2세기에 해당되는 미누신스크 분지의 유적들을 독자적인 문화로 따로 구분하는 논리는 무엇보다도 먼저 이 시기에 이 지역으로 새로운 문화를 가진 새로운 흉노 주민들이 도래한다는 그리고 주된 도구의 재료가 청동에서 철로 대체된다는 점과 관련이 있다. 토착 주민들은 여러 가지 사실들을 통해 볼 때에 계속해서 존속하는데, 왜냐하면 타가르 문화의 집단적 무덤방 구조물에서의 쿠르간 매장 전통이 보존되고 있기 때문이다. 때문에 이 복잡한 문화적 · 역사적 상황은, 그 문제를 강력한 타가르 문화 성층에서 새로운 고고학 문화를 단순하게 분리함으로써는, 아직 적절하게 해결이 되지 않는다. 새로운 자료들에 대한 모든 측면에서의 의미 부여가 필요하다.

타가르 문화의 고분군들은 사실상 하카시아의 모든 지역

과 끄라스노야르 주의 남부지역에서 발견되며, 판돌들로 만든 호석들의 가장자리에 있는 수직의 돌기둥들 덕분에 지금도 사방에서 꽤 잘 보인다(그림 75~76). 말을 타면 수 일 만에 이동할 수 있는 거리인 상대적으로 작은 크기(북쪽에서 남쪽으로 450㎞, 서쪽에서 동쪽으로 250㎞)의 미누신스크 분지 영역들은 타가르 공동체의 다양한 씨족 집단들 사이에 밀접한 관계를 가지게 하였고, 그 결과 쿠르간 건축에서의 새로운 요소들이 빠르게 전파될 수가 있었다.

가장 이른 고분군들은 규모가 크지 않았고 호석들의 구조가 동일 유형이었다. 보다 늦은 시기의 고분군들은 수백 기의 쿠르간들로 집계되며 여러 종류의 무덤들로 대표된다. 타가르 문화 고분 전통의 특성은 수직으로 세운(간혹 수평으로 쌓은) 판돌들로 된 방형 혹은 장방형의 호석들 안에 피장자들을 매장한 것이며, 호석들의 모서리들 혹은 가장자리들에는 수직의 돌들을 세워 놓았다(그림 77~78).

타가르 문화의 이른 시기에는 호석들이 크기와 비율이 카라수크 문화의 것들과 비슷하였고(대략 4×4m~6×6m) 그리고, 비록 호석들 자체가 높이 1m까지 되었지만, 모서리들에 항상 높은 돌기둥이 있는 것은 아니었다. 호석들은 흔히 서로 연접하여 만들었고, 호석의 납작 돌 자체는 버팀벽으로 강화하였으며, 호석에는 그 수가 8개까지 달하는 수직의 돌들이 나타난다. 초기 바이노프 단계의 쿠르간들부터 전체 미누신스크 분지에 수많은 고분군들이 축조되며, 이는 쳄추즈느이 부근의 고분군, 바르스따그 부근의 고분군, 우이바트 강의 산악 지대 고분군, 까므이쉬뜨 강안의 고분군, 아스끼즈 강안의 고분군, 예시 강안의 고분군 등등 수백 년 동안 지속되었다.

그림 75 타가르 문화(똘스뜨이 므이스 고분군)

그림 76 타가르 문화(까므이쉬타 고분군)

호석 안에는 일반적으로 하나 혹은 두 개의 무덤이 있는데, 두 번째의 무덤은 통상 나중에 첫 번째 무덤에 잇대어 만들었다. 매장 구조물의 기본 유형은 돌 상자(石箱)이며(그림 81), 드문 유형은 1명 혹은 드물게 2명이 매장된 토광이다. 타가르 문화 매장 의례의 공통적 경향은 무덤 크기의 증가, 석상에서 점차 수 겹의 격자 맞춤 뚜껑을 한 목곽으로의 대체, 100~200명까지 혹은 그 이상까지의 피장자의 수 증가, 이와 관련된 대형 무덤의 집단적 무덤방으로의 변환 등이다. 만약에 처음에는 등을 아래로 곧은 자세로 안치된 피장자들이 머리를 굳건하게 남서쪽으로 두었다면(드물게는 북동쪽), 집단 무덤들에서는 두향이 변동을 보이며 다양하다.

인류학적 유형에 따르면 타가르 인들은 유럽인종이었고 그리고 유럽의 스키타이 인들에 매우 가까웠다는, 단지 타가르 시대의 말기에야 몽골인종의 혼합이 증가되었다는 사실을 지적해야만 할 것이다(꼬진쩨프, 1977).

남성에게는 일반적으로 머리 곁에 액체 음식이 담긴 하나 혹은 두 개의 토기를 세워 놓았고, 발치에는 소의 고기 덩이를, 드물게는 양과 말의 고기 덩이를 일정량 두었다(그림 82). 남성에게는 또한 보통 몸체를 따라 투부, 허리 왼쪽에 단검과 손칼, 발에 화살이 들어있는 살통을 부장하였다(츨레노바, 1990, 211쪽). 여성에게는 허리에 손칼 혹은 화장 도구들(거울, 빗)이 든 주머니를 두었고, 여성 자체와 의복은 수많은 구슬, 대롱 구슬, 펜던트 등으로 장식하였다. 피장자들의 의복, 모자, 혹은 머리카락을 치장하였던 여러 가지의 구슬들로 된 복잡한 세트들도 발견된다.

전기 타가르 시기에 해당되는 뽀드고르노보 단계에는 높

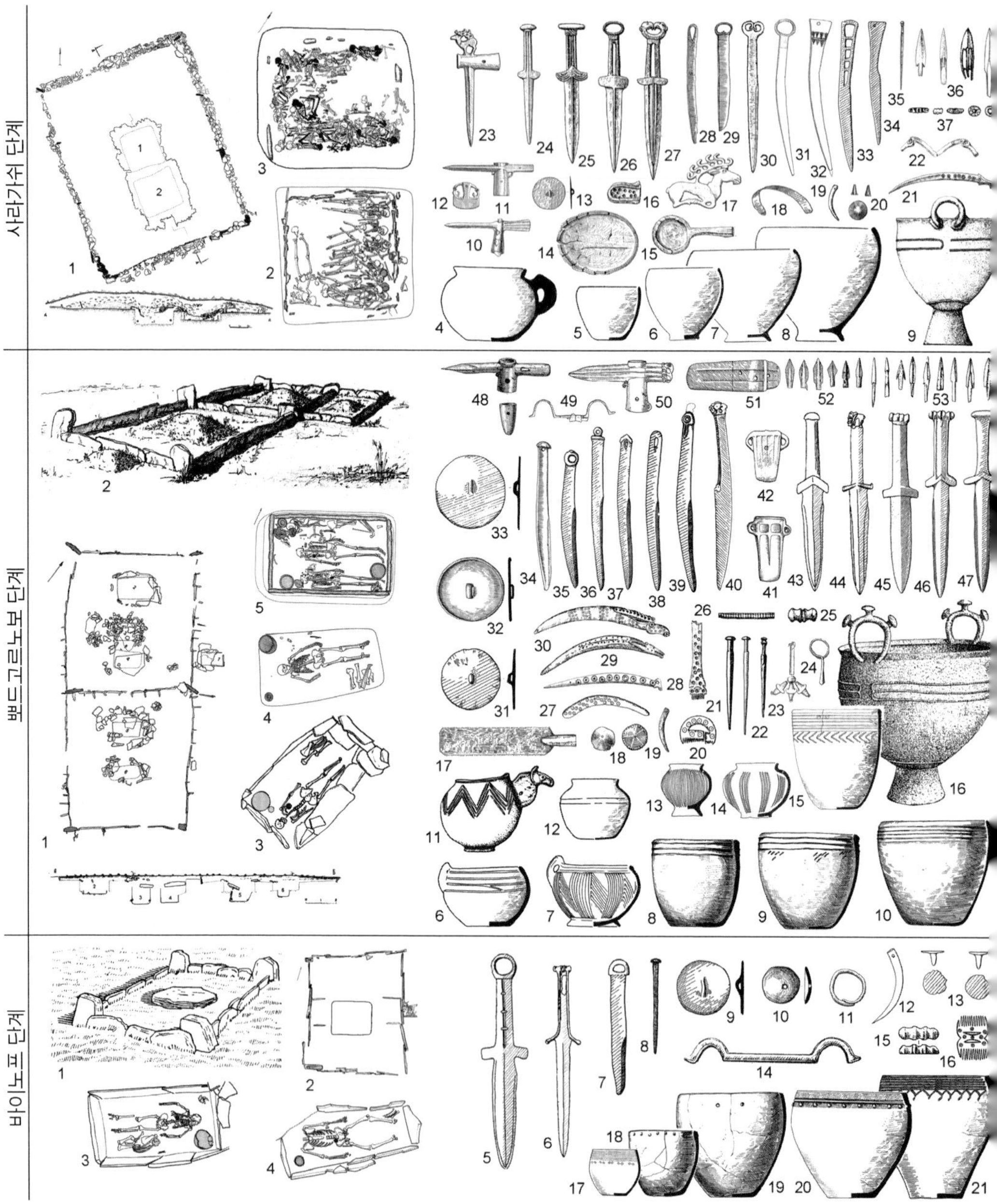
사라가쉬 단계
뽀드고르노보 단계
바이노프 단계

이 4m까지의 귀족의 쿠르간들이 발견되는데, 한 변의 길이가 30m인 호석이 둘려져 있고, 10~13개의 돌기둥이 덧세워져 있으며(그랴즈노프, 1968, 190쪽; 바데쯔까야, 1986, 80쪽), 두꺼운 횡대가 있는 목곽의 내부에는 풍부한 부장품이 발견된다(카라 · 쿠르간, 우준 · 오바, 띠게이 등등)(그림 83~84).

다음의 사라가쉬 단계에는 매장 의례와 무덤 위 구조물

바이노프 단계. 매장 복합체들과 부장품: 1. 바이노프, 2. 베르흐니 아스끼즈, 3. 체르노바야 Ⅰ, 4. 까자노브까 Ⅱ; 5~6. 청동 단검, 7. 손칼, 8. 송곳, 9. 거울, 10. 수장 형식 패식, 11. 귀걸이, 12. 사향 고양이 송곳니, 13. 리벳, 14. 저울대 모양 유물, 15. 3개의 홈이 있는 물림쇠, 16. 뿔로 만든 빗, 17~21. 토기. 부장품: 5. 브이스까르, 6. 마리야소바, 7, 9. 까자노브까 Ⅱ, 8. 바이노프, 10. 쉬라, 11. 끄리바야, 12. 말르이예 꼬뻬느이 Ⅰ, 13. 스딴찌야 미누신스크, 14. 미누신스크, 15. 뚠추흐, 16. 체르노바야 Ⅰ, 17. 사모흐발, 18~19. 끼칙 · 뀨쥬르, 20. 루갑스꼬예 Ⅲ, 21. 모호바 Ⅱ

뽀드고르노보 단계. 매장 복합체들과 부장품: 1~3. 뽀드고르노예 오제로, 3. 뽀드고르노예, 4. 예시노 Ⅰ, 5. 샤만 고라; 6~15. 토기, 16. 청동 솥, 17. 청동 톱, 18. 수장 형식 패식, 19. 사향 고양이 송곳니, 20~21. 골제 빗, 22. 청동 송곳, 23. 청동 펜던트, 24. 귀걸이, 25. 3개의 홈이 있는 물림쇠, 26. 대롱 모양 장식, 27~30. 골제 머리 칼, 31~33. 청동 거울, 34~40. 손칼, 41~42. 유공부, 43~47. 단검, 48, 50~51. 곡괭이형 투부와 도끼, 49. 저울대 모양 유물, 52. 청동 화살촉, 53. 골제 화살촉. 부장품: 6. 샤만 고라, 7. 뚜란 Ⅰ, 8~10, 22, 53. 끼칙 · 뀨쥬르, 11. 바굴느이, 12, 23~24, 26, 42~43, 45, 49. 즈나멘까, 13. 또구르 따그, 14. 루고보예, 15. 예시노, 16. 미누신스크, 17. 브라기나, 18~19. 뽀드고르노예 오제로, 20, 25, 27, 31~39, 46~47. 까자노브까 Ⅲ, 21. 보로즈다, 28. 꼴로크, 29. 끄이즈일 · 꿀, 30. 쁘리고르스크, 40, 51. 아쉬쁘일, 41. 체르노바야, 44. 브이스뜨라야, 48. 그리쉬낀 로그, 50. 삐트, 52. 까멘까

사라가쉬 단계. 매장 복합체들과 부장품: 1. 똘스뜨이 므이스 Ⅲ, 2. 인찌꼴, 3. 달니; 4~8. 토기, 9. 청동 솥, 10~11. 청동 곡괭이형 투부, 12. 월형 도끼, 13. 거울, 14. 목제 받침접시, 15. 목제 국자, 16. 문양이 시문된 지골, 17. 사슴 모양의 청동 패식, 18. 판상의 팔찌, 19. 사향 고양이의 송곳니, 20. 청동 펜던트, 21. 골제 머리 칼, 22. 청동 호부, 23. 곡괭이형 투부, 24~27. 단검, 28~34. 청동 손칼, 35. 송곳, 36. 골제 화살촉, 37. 유리 구슬. 부장품: 4. 꼬뱌크, 5~8, 14~16. 메드베드까 Ⅱ, 9. 슈네르이, 10, 21. 아쉬쁘일, 13, 18~20, 34~35. 사라가쉔스꼬예 오제로, 17, 26. 미누신스크, 22. 똘스뜨이 므이스 Ⅴ, 23. 레뜨니끄, 24. 끄리바야, 25. 까멘까, 27. 아나쉬, 28, 36~37. 노보미하일롭스끼, 29. 오즈나첸노예, 30. 볼쇼이 하브이크, 31. 꾸르간치꼬바, 32. 띠그리쯔고예, 33. 살바

그림 77 타가르 문화(무덤 구조물들과 유물 복합체)

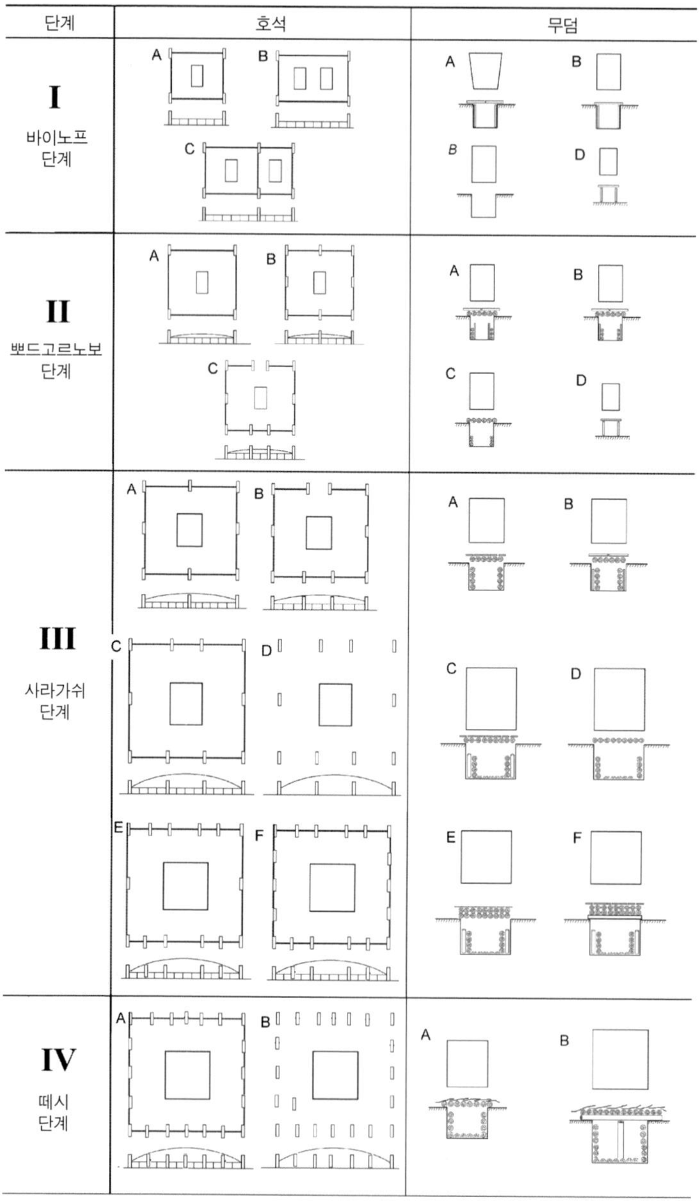

그림 78 타가르 문화 매장 구조물들(호석과 무덤)의 4단계 발전 경향

그림 79 흐이즈일 · 하야 산 부근의 타가르 문화 전기 쿠르간

그림 80 우이바트 강변의 타가르 문화 전기 쿠르간

1. 까자노브까 II

2. 뚜만느이

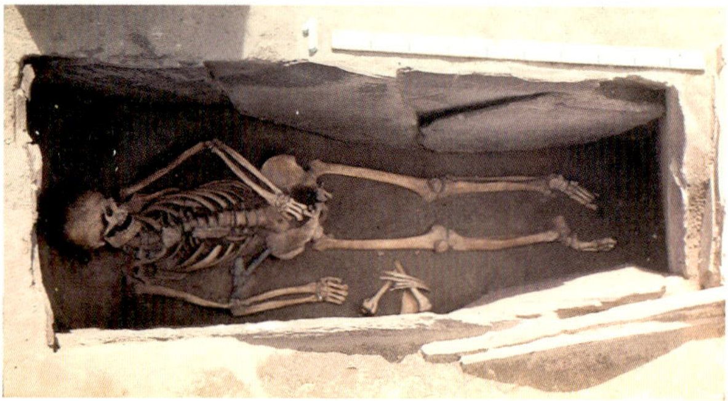

3. 떼쁘세이 VII

그림 81 타가르 문화 바이노프 단계(1)와 초기 뽀드고르노보 단계 (2 · 3)의 무덤들

들의 구조가 계속 발전된다. 호석들은 8~20개의 돌로 이루어져 있으며, 면적이 200~300㎡까지의 대형이고, 내부에는 2개, 3개, 혹은 더 많은 수의 집단 매장을 한 근(近)방형 무덤들이 있다(그림 85~88). 특별한 입구를 통해 지속적으로 200구까지의 일정 씨족의 구성원을 매장한 가계(家系) 무

그림 82. 샤만 고라 고분군의 뽀드고로노보 단계의 무덤

덤방과 함께 가장 부유한 남성과 여성들의 개별 무덤들도 존재하였다. 아이들의 매장은 석상에 개별적으로 혹은 여성들과 함께 집단 매장지에 행하였다. 부장품은 뽀드고르노보 단계와 거의 비슷하지만 토기, 도구, 무기의 모양이 약간 바뀐다. 공통적 경향은 전혀 사용이 불가능할 정도의 미

그림 83 예시노 XVI 고분군의 무덤들 위에 돌을 덮은 모습

그림 84 체렘쉬노 고분군 무덤들의 호석과 무덤들 위에 돌을 덮은 모습

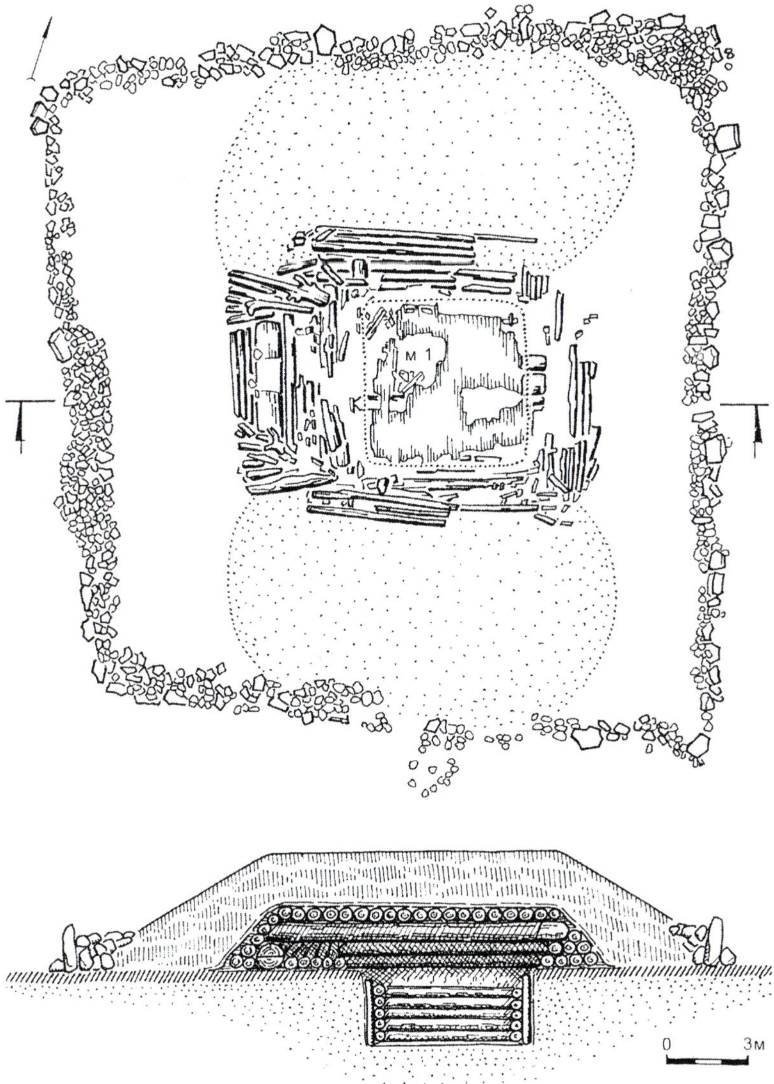

그림 85 사라가쉬 단계 마야크 고분군 8호 쿠르간의 호석 평면과 단면(N.Yu.꾸즈민, 2011)

그림 86 메드베드까 | 고분군의 무덤 위 목재 횡대 모습

그림 87 사라가쉬 후기 단계의 달니 쿠르간 무덤 구덩이 바닥 모습(집단 매장)

니어처까지 크기가 바뀐다는 점이지만, 형태는 일반적인 물품들을 완전하게 모방하고 있다(그림 89). 동시에 남성 피장자들의 의복에 기워 붙인 사슴 모양의 수많은 청동 및 황금 패식들이 나타난다.

이 시기에는 아바깐에서 북쪽으로 60㎞ 떨어져 있는 살

그림 88 사라가쉬 후기 단계의 스떼쁘노브가 고분군의 쿠르간 무덤 구덩이 바닥 모습 (집단 매장)

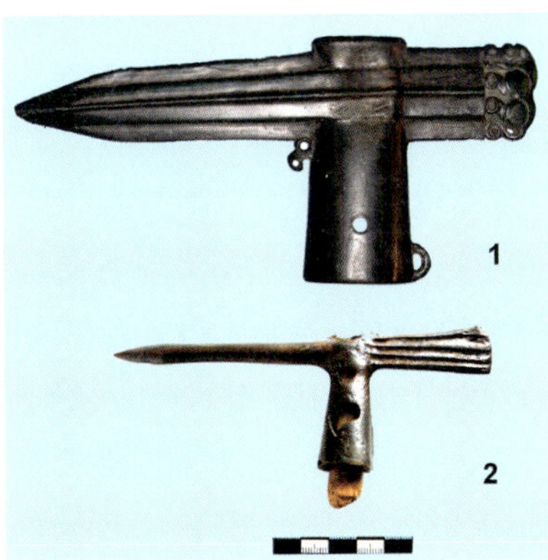

1. 타가르 문화 전기(삐트 강),
2. 타가르 문화 후기(꼴로크)

그림 89 타가르 문화의 곡괭이형 투부 비교

그림 90 볼쇼이 뽈따꼽스끼 쿠르간 출토 금박으로 덮은 청동 가슴 장식 패식

그림 91 살브이크 "왕"의 계곡. 엘리트 쿠르간들 중의 하나

브익 계곡("왕"의 계곡)에서 높이 20m까지의 거대한 엘리트들의 쿠르간들이 확인된다(그림 91). 이곳에는 30기 이상의 거대한 쿠르간들이 분포한다.

S.V.끼셀료프가 발굴한 대(大)살브익 쿠르간은 높이 11m의 피라미드 모양 봉분과 거대한 판돌들(무게 50톤 이하)로 된 큰 호석을 가지고 있었다(그림 92). 호석의 각 측면은 큰 판돌들과 높이 3~6m의 수직의 돌들로 구성되었고, 호석의 한 변 길이는 70m였다. 동쪽에 수직의 판돌들로 된 입구가 있었다. 크기 5×5m, 깊이 1.8m의 방형 무덤은 완전히 도굴된 상태였으며, 단지 7명에 해당하는 인골, 금박 조각들, 그리고 청동 손칼이 남아 있었을 뿐이었다. 그렇지만 구조물 자체와 투입한 노동 양(호석의 판돌들을 20㎞와 70㎞ 거리에서 이동해 왔다)의 거대함은 살브익에서 타가르 문화의 특별한 고위급, 종족연맹의 수령을 매장하였음을 증명한다(끼셀료프, 1951, 189쪽; 그랴즈노프, 1968, 191쪽;

1. 발굴 조사 전의 모습

2. 발굴 조사 후의 모습

3. I.L.끄이즐라소프의 복원도

그림 92 살브이크 왕의 쿠르간, S.V.끼셀료프 조사

바데쯔까야, 1986, 95쪽).

타가르 문화의 말에, 사라가쉬 단계에는 매장 전에 일정 기간 시신을 보관할 필요가 있는 장기적인 무덤방 축조 전통의 발생과 관련하여 미라를 만드는 풍습이 생겨난다(바데쯔까야, 1986, 85쪽). 일련의 유적들에서 이 과정의 발전의 연속성을 복원할 수 있다. 처음에는 시신장을 하는 일반적인 무덤방들에 일정 기간 무덤 밖에 위치하였던 두개골과 따로 포갠 뼈들(해부학적인 상태가 아님)을 매장하였다(타가르 섬, 말라야 이냐, 바주노보, 끄삐예보 등등). 그 다음에는 뼈들을 해부학적인 상태로 매장하려 시도하였다(하지만 무지로 인해 위치가 헷갈리고 바뀌었다)(떼쁘세이 VIII). 마침내는 시신이 해체되지 않게 가느다란 회초리들로 특별히 낸 구멍들을 통해 척추를 고정시키고자 하였다. 동일한 회초리들로 지골들도 고정시켰다(메드베드까 II, 마야끄, 사빈까 III 등). 다음 단계는 몸체에 대한 손질에 더하여 머리를 손질하고 사자(死者)의 얼굴 특징을 보존하려는 시도였다. 이 모든 공정 과정을 복원하고자 하는 특별 연구들은 그 공정 과정을 세부적으로 파악할 수 있게 하였다: 1. 사자의 몸체에서 부드러운 조직들을 제거한다, 2. 골격의 뼈들과 두개골을 고정시키고 마네킹의 "몸체"를 만든다, 3. 인물과 비슷한 모양이 되게 흙으로 머리를 만든다, 4. 토제 머리를 "몸체"와 함께 고정시켜 마네킹을 완성한 다음에 채색을 하고 옷을 입힌다, 5. 마네킹을 누운 자세 혹은 앉은 자세로 내놓고 보관한다(꾸지민, 바를라모프, 1988, 146~155쪽; 꾸지민, 2011, 176~179쪽)(그림 93~96). 이와 유사한 복잡한 공정 과정을 거친 것들이 알타이(바샤다르, 파지릭)와 투바(우르뷴 III, 발가진 등등)에서도 확인되었다.

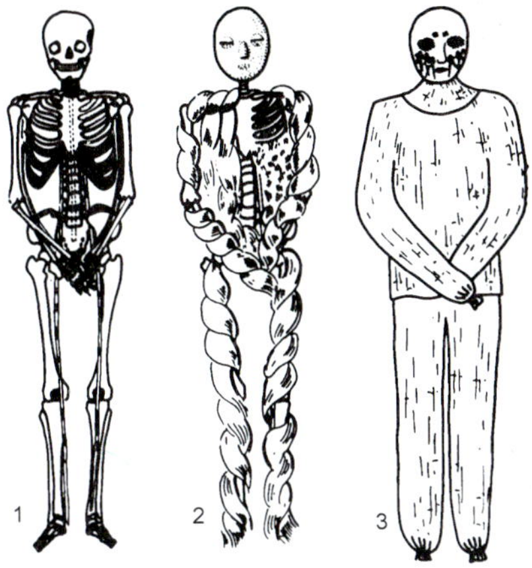

그림 93 떼시 단계에의 3단계에 걸친 피장자의 미이라화 과정(N.Yu.꾸즈민, 2011)

그림 94 떼시 단계 깔르이 고분군의 피장자 부분 매장(N.Yu.꾸즈민, 2011)

그림 95 떼시 단계 노브이에 모차기 고분군 출토 피장자들 중의 한 명의 두개골에서 발견된 채색을 수반한 깁스 마스크(N.Yu.꾸즈민, 2011)

그림 96 타쉬트이크 문화의 스이르스끼 차아타스 고분군에서 출토된 깁스 마스크

보다 늦은 시기에는, 특히 타쉬트이크 문화에서는 미라가 아니라 풀을 채운 인형들을 매장하기도 하였다. 인형들에게 옷을 입혔고, 가죽 공 모양의 머리에는 채색을 한 가면을 씌웠고, 안에는 사자의 하소(煆燒)된 뼈를 담은 주머니를 기워 넣었다(끄이즐라소프, 1969, 93~96쪽).

타가르 시대의 물질 문화는 극히 다양하며, 특히 잘 만든 청동 유물들이 많은데(수만 점), 이는 매우 수준 높은 청동 주조업에 대해 그리고 이 생산의 오랜 전통에 대해 증명한다. 청동을 주조하여 만든 도구들은 기본적으로 석제 양면 거푸집과 토제 및 청동제 거푸집을 통해 확인된다(그리쉰, 1960, 15쪽). 조임쇠, 풀무대롱, 주형 주입구 등의 주조에 필요한 다수의 물품들과 복잡한 제작 과정을 거친 높은 예술성의 청동 물품들(재갈, 예술품, 솥)은 전문화된 그리고 매우 발전된 청동 생산에 대해 증명한다. 더욱이 끄라스노야르 주의 남부지역에서는 구리, 주석, 금 등을 지표에서 채집할 수 있는 수많은 광산들이 확인되었다(순추가쉐프, 1975, 부록). 스펙트럼 성분은 타가르 문화 전기의 청동 유물들은 비소 청동으로 제작하였음을, 사라가쉬 단계부터 시작하여 주석 청동으로 청동 제품을 생산하였음을 보여주었다(하브린, 2000).

무기는 기본적으로 3종류의 범주 - 단검 · 곡괭이형 투부 · 화살촉 - 로 대표된다. 단검들은 검신멈치와 검파두식의 형태가 차이가 난다. 곧은 검신멈치와 삽입형 검파두식이 있는 것들과 나비 모양 검파두식과 여러 유형(굴대 모양, 고리 모양, 동물 모양 등등)의 검파두식이 있는 것들이 있다(그림 97). 타가르 문화의 말경에는 검심멈치가 퇴화하는데, 새로이 나타나는 철제 단검들이 곧은 검심멈치가 있는 단검들을 계속 모방한다. 기원전 4~3세기에는 단검들이 비록 모양은 바뀌지 않아도 크기가 미니어처까지 작아진다.

곡괭이형 투부와 전투용 도끼(투부)도 타가르 문화에 매우 전형적이다. 가장 이른 곡괭이형 투부는 단면 원형의 봉부(鋒部)와 다각형의 등(背部), 긴 대롱자루꽂이에 달린 버섯모양 등을 가진다. 시간이 지남에 따라 대롱자루꽂이는 작아지고, 배부는 흔히 동물(염소, 사슴)의 형상으로 만들어진다. 투부에도 버섯모양 배부가 있으며, 배부가 맹금의 머리 혹은 멧돼지의 형상으로 된 것도 있다. 간혹 도끼의 대롱자루꽂이에 화려한 동물 표현이 있는 경우도 있다(츨레노바, 1967, 그림 8, 10~11). 곡괭이형 투부 혹은 도끼의 자루 끝을 보강하는 고달은 비록 동물 소재들과 삽 모양의

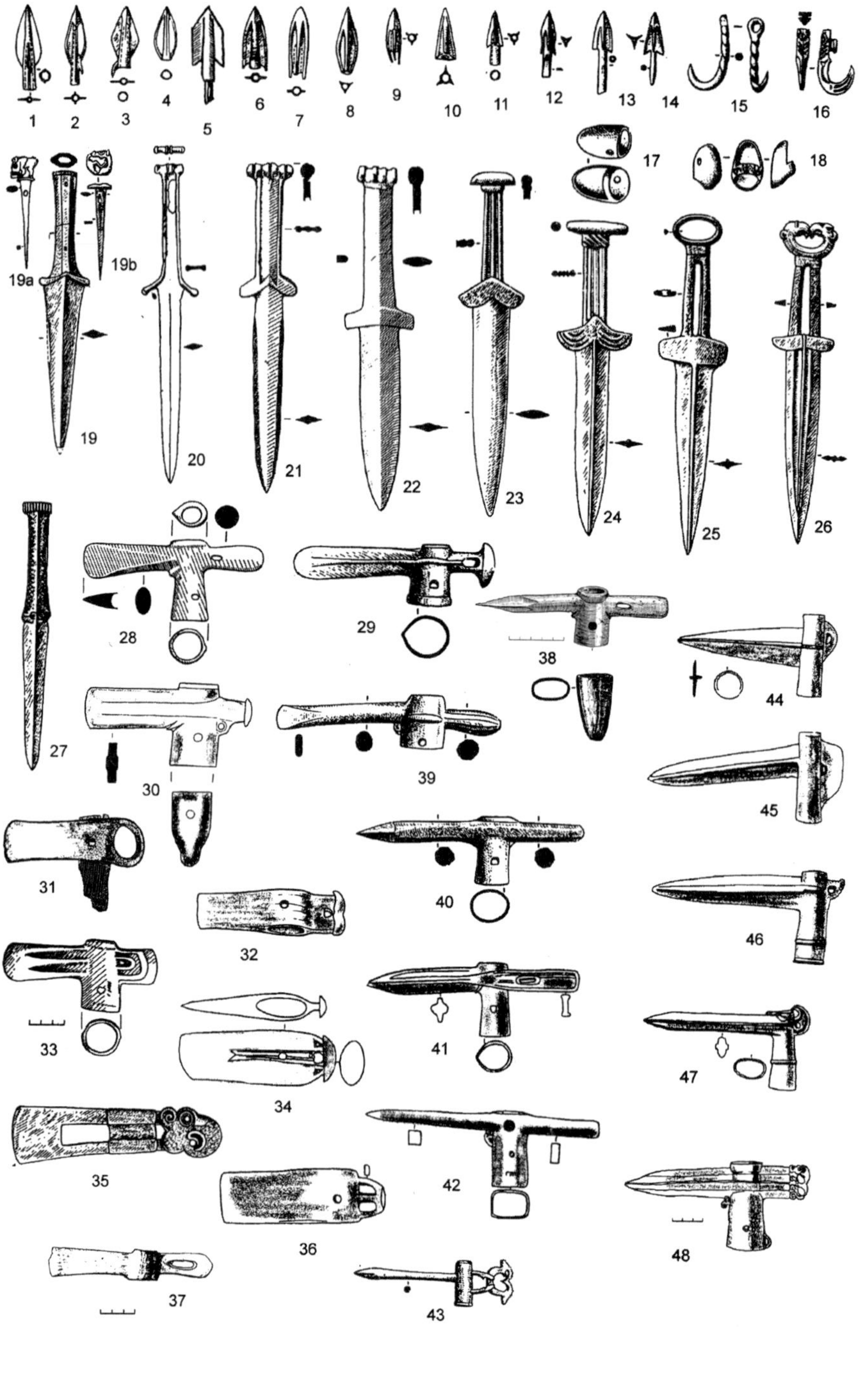
1
2
3
4
5
6
7
8
9
10
11
12
13
14
15
16
17
18
19a
19
19b
20
21
22
23
24
25
26
27
28
29
30
31
32
33
34
35
36
37
38
39
40
41
42
43
44
45
46
47
48

것들도 없는 것은 아니지만 대부분의 경우 모양이 원추형, 각진 형태 등 단순하다.

청동 화살촉들은 비록 수량은 피장자들의 살통에 수십 혹은 수백 점의 화살촉이 들어있는 다른 지역들(투바, 카자흐스탄)에 비해 적지만 모양이 변화를 보인다. 가장 이른 것들은 긴 대롱살대꽂이가 있는 양익화살촉(유공양익촉)인데, 흔히 미늘이 있고, 보다 늦은 시기(기원전 6~세기)의 것들은 숨은 대롱살대꽂이 혹은 슴베가 있는 삼면 혹은 삼익화살촉이다. 화살촉들에 대한 형식 분류는 충분히 세밀하게 이루어졌다(츨레노바, 1967, 그림 12~13). 화살촉의 형식은 촉몸과 예봉부의 모양에 따라 구분되었다. 골제 화살촉들은 삼면 · 사면 화살촉이며, 드물게는 탄알 모양이지만, 기본적으로는 이미 신석기시대 · 청동기시대에 만들어진 표준 형태를 가진다(꿀렘진, 1976). 활의 시위를 당길 때에 사용한 골무는 매우 흥미로운데, 골무는 활을 쏠 때에 손가락을 보호하고 매우 강한 활을 성공적으로 당길 수 있게 하였다(그림 97: 17~18). 살통 고리들도 또한 규격에 맞추어 만들었지만 몇몇 경우에는 둥글게 말린 모양 혹은 새

1~14. 화살촉, 15~16. 화살통 고리, 17~18. 활시위용 골무, 19~27. 단검, 28~37. 전투형 도끼, 38~48. 곡괭이형 투부. 모두 청동제 유물. 출토 위치: 1. 미누신스크 주, 2. 이우디나, 3. 이그르이쉬, 4. 사라가쉬, 5. 까멘까, 6. 사얀스까야, 7. 고리꼬예 오제로, 8. 끌류치, 9. 미누신스크 주, 10. 꼬체르기노, 11. 라데이스꼬예, 12. 미누신스크 주, 13. 따가르스끼 오스뜨로프, 14. 미누신스키 주, 15. 니꼴스꼬예, 16. 쇼쉬나, 17. 꼴마꼬바, 18. 예니세이스까야, 19. 따가르스꼬예 오제로, 20. 마리야소바, 21. 까자노브까, 22. 즈나멘까, 23. 끄리바야, 24. 까멘까, 25. 미누신스크 주, 26. 아나쉬, 27. 떼신스꼬예, 28. 까자노브까, 29. 떼시, 30. 베이까, 31. 볼샤야 예르바, 32. 볼쇼이 뗄레크, 33. 까자노브까, 34. 우신스꼬예, 35. 꼴마꼬바, 36. 노릴꼬프, 37 · 38. 그리쉬낀 로그, 39. 이우디나, 40. 볼쇼이 하브이끄, 41. 루갑스꼬예, 42. 따가르스꼬예 오제로, 43. 미누신스크 주, 44 · 45. 미누신시크 분지, 46 · 47. 시베리아, 48. 삐트. 재료: 모두 청동

그림 97 타가르 문화의 무기

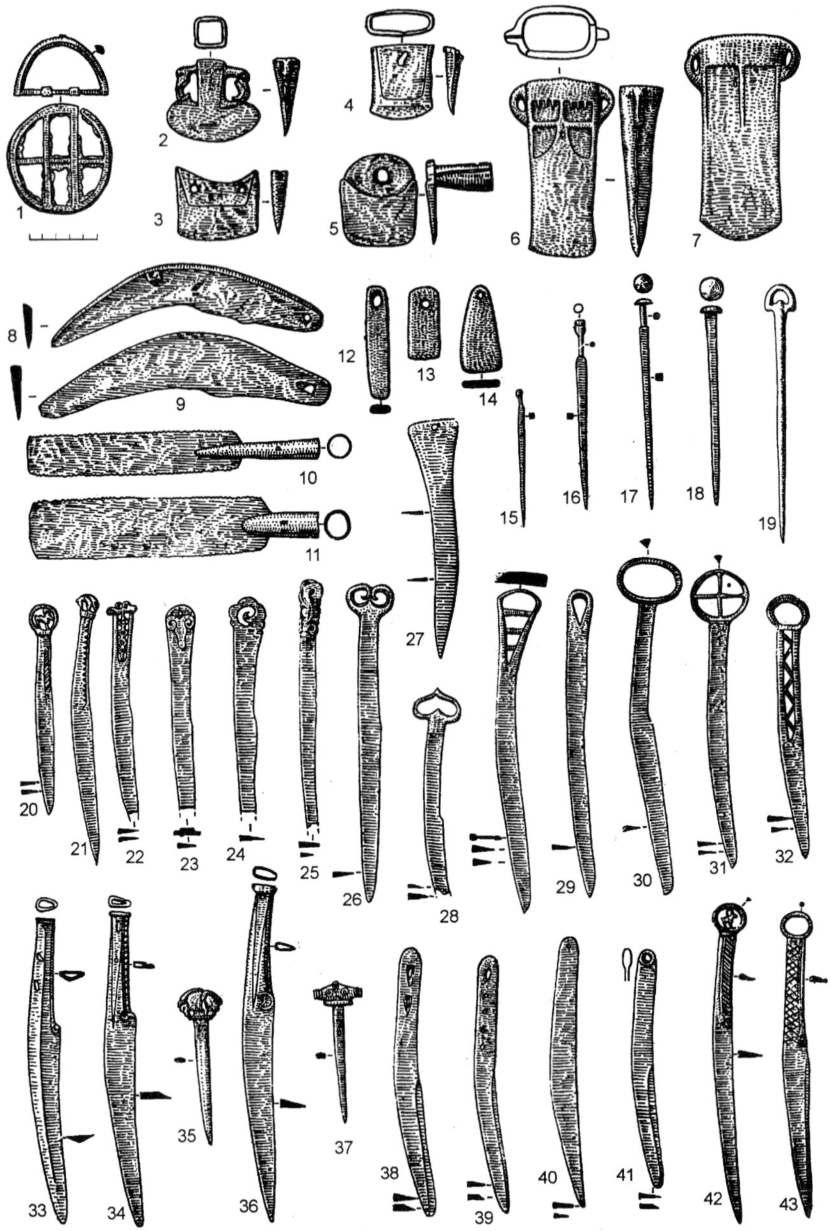
1
2
3
4
5
6
7
8
9
10
11
12
13
14
15
16
17
18
19
20
21
22
23
24
25
26
27
28
29
30
31
32
33
34
35
36
37
38
39
40
41
42
43

의 부리 모양으로 예술적으로 만들려는 시도도 있었다.

도구들은 수가 매우 많고 다양하다(그림 98). 손칼은 수천점이 되는데 진정한 유형 분류는 미래의 과제이다. 손칼의 분류가 어려운 것은 수많은 형태들이 다른 모양으로 완만하게 이행하며, 손칼의 세부가 작은 변화만을 보이기 때문이다. 날의 모양은 타가르 문화 모든 손칼에 사실상 동일하다. 차이는 손잡이에서 나타난다: 고리 모양, 작은 및 큰 구멍이 있는 것, 투공이 있는 것, 코 매듭 모양, 삽입형, 동물 장식이 있는 것, 여러 가지의 새김이 있는 것 등등. 몇몇 경우에는 손칼에 화려함을 내기위해 손칼을 주석(간혹 금)으로 도금을 하고 손잡이의 위 부분에 가는 날로 기하학적 무늬를 새김하기도 하였다. 송곳은 단면 방형이며 머리의 모양이 차이가 난다. 가장 이른 것들은 못 모양의 송곳들이고, 늦은 것들은 이중의 머리가 있는 송곳들이다. 숫돌은 길쭉하고 장방형인 것들과 사다리꼴인 것들이 발견된다. 목재 가공을 위해서는 자루에의 부착을 위한 2개의 귀가 달린 장방형의 유공부들과 자귀들, 그리고 목제 손잡이를 부착하기 위한 대롱자루꽂이가 달린 긴 판상의 톱들을 사용하였다. 톱은 매우 드물게 발견되는 유물이다. 낫들은 미약

1. 가축용 낙인, 2~5. 자귀, 6~7. 유공부, 8~9. 낫, 10~11. 톱, 12~16. 숫돌, 15~19. 송곳, 20~43. 여러 가지 유형의 손칼. 출토 위치: 1. 아나쉬, 2. 이드라, 3. 차스또오스뜨롭스꼬예, 4. 노바야 이드라, 5. 끄리바야, 6 · 7. 브라기나, 8. 브이스뜨라야, 9. 브라기나, 10 · 11. 브라기나, 12, 14. 말라야 이나, 13. 그리쉬낀 로그, 15. 말라야 이냐, 16. 꼬체르기노, 17. 오뜨끄닌 울루스, 18. 사모흐발, 19. 돌기 꾸르간, 20. 뜨로이쯔까야, 21. 후도노고바, 22. 체레무쉬까, 23. 슈네르이, 24. 모노크, 25. 꼴마꼬바, 26. 볼쇼이 모노크, 27. 베야, 28. 말쩨바, 29 · 30. 미누신스크 주, 31. 루갑스꼬예, 32. 미누신스크, 33. 미누신스크 주, 34. 슈쉔스꼬예, 35. 미누신스크 주, 36. 미누신스크 주, 37. 사얀스까야, 38. 끄느이쉬, 39. 미누신스크 주, 40. 미누신스크 주, 41. 바떼니, 42 · 43. 미누신스크 주. 재료: 12~14. 석제, 나머지. 청동제

그림 98 타가르 문화의 도구

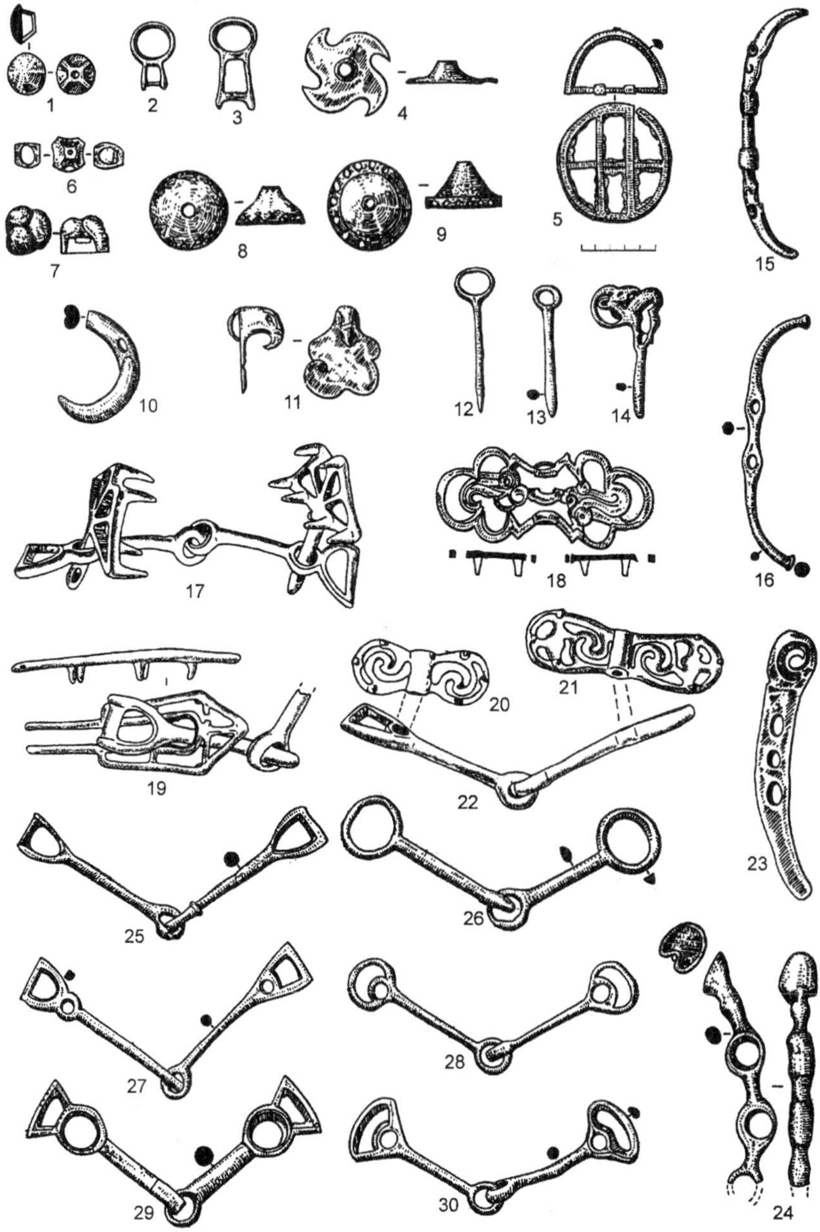
1
2
3
4
5
6
7
8
9
10
11
12
13
14
15
16
17
18
19
20
21
22
23
24
25
26
27
28
29
30

하게 굽었고 그리고, V.P.레바쉐바의 의견에 따르면, 기술적인 측면에서 제대로 개량되지 못한 것이며, 또한 적은 수량으로 발견되었는데, 이는 발전되지 못한 농경에 대해 증명할 것이다(V.P.레바쉐바, 1956, 65쪽). 목축은 확인된 다양한 종류의 낙인을 통해 볼 때에 매우 생산적이었음을 알 수 있다. 낙인에는 가축의 구분을 위한 주인들의 기호가 있는데, 대개 테의 모양이 차이가 났다.

마구는 그 수량이 극히 많다. 비록 그 대부분이 우연히 발견된 유물이지만, 그 다양성과 훌륭한 질은 타가르 공동체에서 이 범주 유물이 가졌던 중요성에 대해 증명할 것이다(그림 99). 치밀한 연구 결과 재갈과 재갈멈치의 발전 과정을 밝힐 수 있었다. 가장 오래된 3개의 구멍이 나있는 뿔로 만든 재갈멈치는 기원전 약 7세기에 청동제로 바뀌며, 재갈은 이 시기에 양쪽 끝 부분을 등자 모양의 고리 형태로 만들었고 그리고 추가의 구멍을 내었다. 이 구멍에는 부리기 힘든 말을 잘 다루기 위해 양쪽으로 재갈멈치를 부착하였다. 다음으로 기원전 6~5세기에는 재갈의 양쪽 끝 부분에 달린 등자 모양의 고리가 원형의 고리로 바뀌게 되며, 여기에는 구멍이 2개인 재갈멈치를 부착하였다(츨레노바, 1992, 215쪽; 보꼬벤꼬, 1986, 18쪽). 그 외에도 다양한 끈이음 절약들, 펜던트들, 빰 장식들 등등 모든 마구 부속품

1~4, 6~14. 끈 조절 장치, 5. 낙인, 15~16, 18, 23~24. 재갈멈치, 17~19, 22. 재갈과 재갈멈치 세트, 25~30. 재갈. 1, 3, 8. 이우디나, 2, 16. 말라야 이냐, 4. 니꼴스꼬예, 5. 아나쉬, 6. 말라야 이드라, 9. 야노바, 10. 떼떼리나, 11, 15, 20, 22. 미누신스크, 12. 베이스꼬예, 13. 꼬렐까, 14. 까쁘떼레보, 17. 베야, 18. 베르흐냐야 꼬야, 19. 오추르이, 21. 베이스꼬예, 23. 바떼니, 24. 뽀떼히나, 25. 쇼쉬나, 26. 사얀스까야, 27. 노보셀로보, 29. 수보띠나, 30. 까프까즈스고예. 재료: 모두 청동제
그림 99 타가르 문화. 마구

1
2
3
4
5
6
7
8
9
10
11
12
13
14
15
16
17
18
19
20
21

들이 발전하게 된다. 마구 유물의 풍부함과 다양함, 수많은 바위 그림들은 타가르 문화에서의 말사육의 중요성에 대해 매우 확신적으로 증명한다.

용기는 점토 혹은 나무로 만들었고, 청동으로도 주조하여 만들었다(그림 100~101). 토기는 통상 무덤 복합체들에서 발견되었고 매우 규격적이며, 평행 홈선, 압인, 진주무늬, 지그재그 등의 풍부하지 못한 문양으로 장식된 발형이다. 타가르 시대의 말경에는 다리가 있는 토기와 솥 모양의 토기가 우세하게 되며, 물 항아리가 나타난다. 토기의 색깔은 소성 정도에 따라 차이가 난다. 회황색이 우세한데 이는

그림 101 사랄라 고분군 출토 토기들

1~4, 16~17. 목제 용기, 5~15. 토기, 18~21. 청동 솥. 출토 우치: 1 · 3. 메드베드까, 2, 4. 똘스뜨이 므이스 5, 5. 우스찌 · 떼시, 6 · 7. 떼시, 8. 노바야 쵸르나야, 9. 말라야 이냐, 10. 메드베드까, 11. 오제로 쉬라, 12. 뽀드고르노예 오제로, 13. 바떼니, 14. 스뜨라쉬느이 로그, 15. 꼬뱌끄, 16. 똘스뜨이 므이스 5, 17. 메드베드까 2, 18 · 19. 미누신스크, 20. 베레조브까, 21. 미누신스크
그림 100 타가르 문화

그림 102 타가르 문화 청동 솥들

특별한 산소의 공급이 없이 균일하지 못한 모닥불에서 소성하였음을 증명하는 것이다. 목기는 나쁜 보존 상태로 인해 드물게 보이며, 불에 탄 무덤방들 덕분에 나무와 자작나무 껍질로 만든 다량의 그을린 유물들이 확인된다. 바로 둥근, 포물선 모양의, 방형의 나무 접시와 작은 탁자이며, 솥 모양 용기와 국자는 유목민들 사이에 널리 사용되었던 것으로 보인다(보꼬벤꼬, 끄라스니옌꼬, 1988, 도면 10~11; 꾸로치낀, 1988, 도면 14).

미누신스크 분지에서는 청동을 주조하여 만든 굽다리가 달린 솥도 다량 출토되었다(그림 102). 청동 솥들은 크기가 다양한데 5리터 이하의 작은 것에서 수백 리터에 달하는 큰 것까지 있다. 청동 솥의 측면에는 일반적으로 끈 모양의 문양이 있으며, 손잡이들은 모양이 차이가 나는데(둥근 고리 모양, 제철 모양, 고리 매듭 모양, 버섯모양이 끝 부분이 있는 것과 없는 것, 동물모양), 손잡이들의 변화를 통해 형식 분류를 할 수 있다(보꼬벤꼬, 1981, 42~52쪽). 가장 이른 청동 솥들에는 둥근 고리 모양의 손잡이들이 달려있고, 가장 늦은 청동 솥들에는 고리 매듭 모양의 손잡이들이 달려 있다. 청동 솥은 헤로도토스에게도 희생 의례와 관련하여 언급되는데, 유목 사회에서는 다기능을 가졌던 것으로 보이며, 더욱이 몇몇 청동 솥은 의례 공간과 나란히 출토되기도 하였다.

화장용품은 가죽 주머니 혹은 나무 패물함에 보관하였다. 뼈로 만든 입체 빗이 많이 있으며, 드물게는 나무 빗들도 확인된다(달니 쿠르간)(그림 103). 대개 둥근 무늬와 한쪽 끝 부분이 동물 형상으로 장식된 머리빗도 흥미로운 유물이다. 뿔 달린 사슴 머리 모양의 걸출한 스키타이 · 시베리아 동물 양식 유물이 쁘리고르스크 1 무덤 복합체에서 출토된 적이 있다.

청동 대롱구슬 및 양원추형 구슬, 유리구슬, 홍옥구슬, 그리고 파스타 구슬은 꽤 전형적이며, 이것들을 모아서 목걸이를 만든다. 반구상의 패식들(간혹 금박을 입히기도 하였다)은 피장자의 모자와 의복을 장식하고 있으며, 판 모양 디아데마와 동물 머리가 있는 펜던트는 가슴을 장식한다.

타가르 시대에는 예술에서 동물 양식이 유행하며, 수많은 일상 생활물품들과 무기들에 동물양식이 표현되었다(그림 104). 이 시기에는 예술도 또한 새로운 형상들과 소재들로 크게 풍부해지며, 보야리 바위 그림과 같은 다양한 소재들이 있는 큰 구도들도 나타난다(데블레트, 1976).

남부 시베리아의 바위 그림 예술에서 이것은 다양한 종

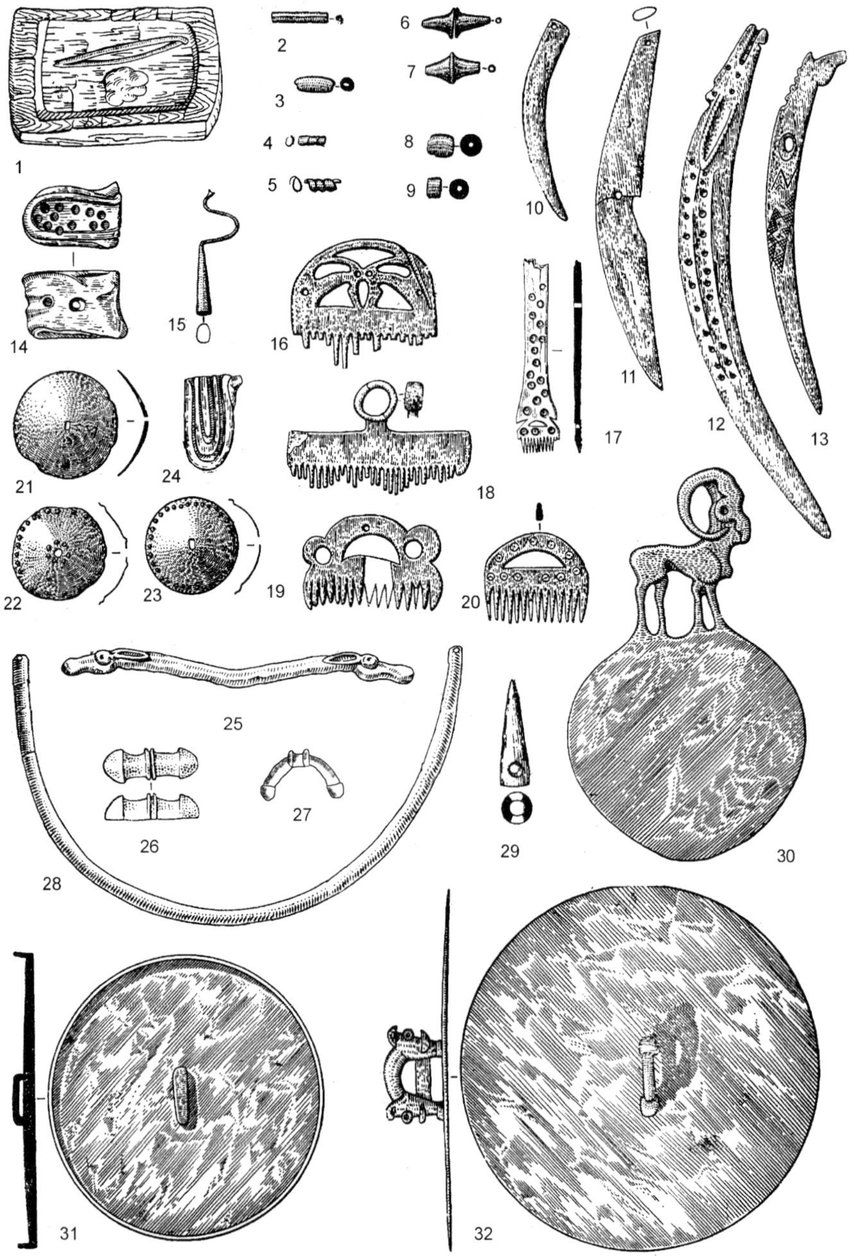
1
2
3
4
5
6
7
8
9
10
11
12
13
14
15
16
17
18
19
20
21
22
23
24
25
26
27
28
29
30
31
32

류의 기마 인물 표현들에서 발현된다. 이 기마 인물 표현들은 기원전 2천년기의 청동기시대의 문화들과, 무엇보다도 먼저 오쿠네보 문화 및 카라수크 문화와 유전적으로 관련이 있다(데블레트, 1976; 쉐르, 1980; 보꼬벤꼬, 1998; 소베또바, 미끌라쉐비치, 1999; 소베또바, 2005 등등)(오글라흐뜨이, 보야르이, 아바카노 · 빼레보스, 떼쁘세이, 우스찌 · 뚜바, 수하니하, 세들로비나, 흐이즈일 하야, 친게 등등). 의미적으로 복잡한 소재들도 확인된다(그림 105): "태양 말", "평화로운 삶의 광경", (기마인물과 도보 인물에 의한) "사냥 광경", "전쟁 광경"(보병들과 기마병들의 전투, 기마병들끼리의 전투), "의례 · 신화적 내용"의 소재들(세계수 곁의 말, 천마들, 저승으로의 길, 권력에의 관여, 전사들의 축복, 의례적 명절들). 더욱이 몇몇 경우에는 수레들, 기마인물들 이외에도 썰매에 동물을 맨 표현도 있다(흐이즈일 하야)(보꼬벤꼬, 2004)(그림 105: 1).

각각의 지역에 특징적인 국부적인 스타일적 특성이 가능도 하지만, 전체적으로 바위 그림 예술은 공통의 발전 법칙성이 특징적이다. 인도와 중국까지의 거대한 영역에서 동물 양식의 개별 요소들이 폭넓게 분포하는 것이 관찰된다 (Francfort, Klodzinski, Mascle, 1990).

1. 안에 청동 핀셋이 들어있는 목제 귀중품 상자, 2~9. 구슬, 10~13. 머리 칼, 14, 24. 지골, 15. 귀걸이, 16~20. 빗, 21~23. 수장형식 패식, 25. 호부, 26~27. 물림쇠, 28. 경식, 29. 끝장식, 30~32. 거울. 출토 위치: 1, 14, 24 · 25, 28, 29. 메드베드까 2, 2. 꼬체르기노, 3, 7 · 10, 12, 15, 21 · 22, 31. 오뜨끄닌 울루스, 4 · 6. 꼬체르기노, 11. 스이다, 13. 우스찌 · 데시, 16. 까라 · 꾸르겐, 17. 보로즈다, 18, 23. 미누신스크, 19. 스이다, 20. 사모흐발, 26. 똘스뜨이 므이스 5, 27. 즈나멘까, 30. 고라 이즈이흐, 32. 베드라. 재료: 1. 나무, 8~9. 유리, 10~13, 14, 16~20, 29. 뼈, 15. 금, 26. 파스타, 나머지. 청동

그림 103 화장용품들

1~4, 6, 11. 수장 형식 청동 패식, 5. 청동 솥 손잡이, 7, 10. 곡괭이형 투부, 8. 깃대 끝장식, 9. 골제 머리빗, 12. 복대 물림쇠, 13. 도끼, 14. 패식들과 손칼 손잡이의 표현물들. 1. 꼬뱌크, 2. 미누신스크, 3. 체렘쉬노, 4, 8. 미누신스크, 5. 띠그리쯔꼬예, 6. 달니, 7. 바르수치하 Ⅰ, 9. A. 쁘리고르스크 Ⅰ, B, C. 골로크, 10. 삐트, 11. 끄라스노야르스크, 벨르이크, 미누신스크, 12. 뜨리포노바, 13. 이우디나, 14. A, D. 미누신스크, B. 수보띠노, C. 아예쉬까

그림 104 타가르 문화. 동물 양식

1. 흐이즈일 · 하야, 2~3. 대(大) 보야리 바위 그림, 4. 볼치 로그, 떼쁘세이, 5. 오글라흐뜨이, 6. 아바까노 · 뻬레보즈, 7. 오글라흐뜨이 I, 8, 11. 우스찌 · 뚜바 III, 9. 까프까즈스까야, 10. 보야르이 II

그림 105 타가르 문화의 바위 그림들

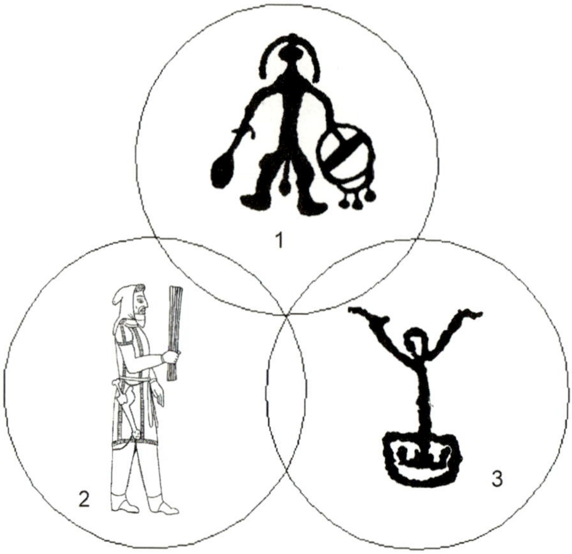

1. 샤머니즘 요소(고라 게오르기엡스까야의 바위 그림), 2. 동방 면모의 인도유럽 혹은 인도이란 조로아스터교 요소(아무 · 다리아 매납유적과 메드베드까 2 고분군 쿠르간 1 출토의 유사한 유물), 3. 프로토 불교 요소(보야르 산맥의 1A 바위 그림)

그림 106 사얀 · 알타이 지역 타가르 시기의 3개 구성 요소로 이루어진 종교 시스템 복원

스키타이 시대의 이 광대한 지역의 바위 그림들을 통해 복원되는 종교적 신앙은 유전적으로 이전의 청동기시대로 거슬러 올라가는 3개의 종교적 표상 - 샤머니즘, 인도유럽의 혹은 인도 이란의 조로아스터교, 프로토(原) 불교(그림 106) - 의 혼합주의에 기초할 것이다(보끄벤꼬, 1996, 39~42쪽). 결과적으로 이 지역에서는 샤머니즘이 우위를 점하는 신앙이 되었다.

어쨌거나 기원전 1천년기 초에는 말 사육과 청동으로 보다 튼튼한 마구 부속품들을 대량으로 제작하는 기술이 크게 발전한 것과 관련하여 초기 유목민들의 공동체에서 (혹은 스키타이 유형의 문화들에서) 말을 탄 기마 전사들이 가장 앞자리를 차지하게 된다. 수많은 목축문화들의 면모가 바뀌며, 쉽게 옮길 수 있는 편리한 주거 시설과 가사용품, 기마 무기들 등등은 최적의 경제활동 형태들(가축들에 대한 수직 유목 혹은 겨울에 눈 아래에서 먹이를 얻을 수 있는 1년 내내의 유목)을 만들어 내었다. 수령, 군사 · 제관 귀족, 다른 사회계층 등의 사회제도가 형성된다. 이 진척들은 유목민들의 사회에서 복잡한 종교적 시스템들을, 매장의례를 통해 사회적 지위의 입증과 공고화를(살브익 등등), 일정한 기호적 상징을, 예술을, 그리고 신화 · 서사시적 전통을 요구하였다. 이 모든 중요한 현상들이 타가르 문화의 자료들에서 훌륭하게 관찰된다.

기원 전후에 타가르 문화 및 공동체에 중대한 변화들이 일어나는데, 다음의 일련의 원인들에 의한 것이다: 첫째로, 청동 물품들이 철제 물품들로 대체되며, 둘째로, 무덤방들과 나란히 대형의 토광 고분군들이 나타나고 그리고 부분적으로 매장 의례가 바뀌는데, 이는 아마도 새로운 보다 몽골인종적인 주민들의 도래와 관련이 있을 것이다. 중부 아시아에서 서쪽으로 흑해까지 그리고 중앙 유럽까지의 유목민족들(흉노 · 훈족들, 나중에는 투르크 인들, 몽골인들)의 강력한 이주들과 관련이 있는 새로운 시대 - 민족 대이동의 시대 - 가 시작된다.

맺음말

미누신스크 분지는 동부 유라시아에서 매우 특별한 지역이다. 이곳에는 다양한 문화들과 역사시대들(구석기시대부터 중세 후기까지)의 고고학 유적들이 극히 풍부하게 분포하고 있다. 이 지역은 또한 문화적 · 역사적 측면에서도 원칙상 매우 중요한데, 왜냐하면 동부 유라시아의 수많은 민족들의 발생이 바로 중부 아시아와 특히 미누신스크 분지와 관련이 있기 때문이고 그리고 바로 이곳에서 역사학적인 자료들과 고고학적인 자료들을 통해 유목민들의 서쪽으로의 강력한 이주가 시작된 것이 확인되기 때문이다(사카 · 스키타이 인들, 흉노 · 훈족들, 투르크 인들, 타타르 · 몽골 인들).

삼면이 알타이와 사얀의 산맥들로 둘러싸인 미누신스크 분지는 지구 기후 변동의 전 시기에 걸쳐 이웃하는 지역들(투바, 몽골, 알타이)과 비교하여 사람들이 거주하고 목축을 하는데 있어 꽤 좋은 조건을 유지하였다.

이 지역의 가장 이른 시기 구석기시대 아폰또바 문화와 꼬꼬레보 문화 유적들은 기원전 5만~1만 년 전으로 편년되며, 좋은 고고학 유물들이 있는 수십 개소의 층위 구분된 복합체들로 대표되는데, 이는 이 지역이 고대 주민들이 거주할 수 있는 일정한 조건을 충족하고 있었음을 증명한다. 이른 홀로센 시기(중석기시대와 신석기시대)(기원전 약 8천~4천 년 전)에는 주민들이 드물었고, 그리고 스텝 지역에서의 나쁜 기후 조건들로 인하여 사람들이 주로 미누신스크 분지의 밀림 가까운 지역 및 산 가까운 지역에 거주하였던 것으로 보인다.

신석기시대 말이 되어서야 고대의 주민들이 예니세이 강 중류 지역의 스텝 분지들을 개척하기 시작하는데, 이에 대해서는 하카시아 스텝 호수들에서 발견되는 개별 유물들이 증명한다(리시쯔인, 1988, 15~20쪽). 그리고 단지 청동기시대부터 시작하여 스텝 지역이 보다 좋은 기후 조건으로 인해 보다 집중적으로 사람들에 의해 거주되기 시작하였던 것으로 보인다.

생산 경제 방식을 영위하는 새로운 유럽인종 주민들의 유입과 그들에 의한 토착 주민들의 동화(기원전 4천년기 중엽부터)는 아파나시예보 문화와 관련된다. 아직은 이 이주가 서쪽에서, 멀리 떨어져 있는 동부 유럽의 야마 문화 유형의 문화들로부터 이루어진 것인지, 혹은 동쪽에서, 극동의 문화들에 유사한 토기 형태들이 보이는 곳들로부터 이루어진 것인지 분명하지 못하다. 적어도 아파나시예보 문화에는 오랜 고대의 목축이 확인되며, 그 종족들은 말, 큰뿔 가축, 양을 길렀고, 바퀴 달린 운송 수단, 발달된 형태의 매장 의례, 금속 제품 생산의 맹아들을 가지고 있었다. 그들은 작은 고립된 그룹 단위들로 사실상 미누신스크 분지의 모든 지역들에 거주하였었다.

계속된 생산 경제의 발전, 풍부한 금속 광산에 토대를 둔 구리 야금술의 급격한 발전, 보다 발전된 목축, 그리고 복잡한 세계관 시스템의 발생은 오쿠네보 문화(기원전 3천년기 후반~기원전 2천년기 초)와 관련된다. 지극히 다양한 형태로 만들어진 다량의 표현 예술 유적들(대형 석상들, 바위그림들, 작은 판 그림들)은 복잡한 세계관 시스템의 형성에 대해 그리고 다양한 자연현상과 영령에 대한 숭배와 관련된 숭배적·의례적 행위의 형성에 대해 증명한다.

유적들에 대한 방대한 양의 방사성탄소 연대들은 오쿠네보 문화 유적들을 아파나시예보 문화와 안드로노보 문화 사이로 위치지우는 상대적 편년을 설정할 수 있게 하였다. 그렇지만 길지 않은 일정 기간 동안 이 문화들과 공존하였을 가능성도 배제할 수는 없다.

예니세이 강 유역의 다음 안드로노보 문화는 새로운 종족들이 서쪽의 카자흐스탄과 서부 시베리아의 새로이 도래하였음을 증명한다. 이 새로운 종족들은 미누신스크 분지 남쪽으로의 이동의 일정 단계에 이동을 멈추었는데, 그곳에서 후(後)오쿠네보 문화 토착 주민들과 만나게 되었다. 안드로노보 문화 주민들은 기본적으로 정착 목축(큰 뿔 가축이 우세)에 종사하였다. 그들은 또한 새로운 청동기 제작 기술도 가져 온 곳으로 생각되지만, 미누신스크 분지에서의 청동기 제작 기술은 이제 막 발전하기 시작하였던 것으로 보이는데, 이에 대해서는 무덤들과 주거 유적들에 발견된 그리고 우연히 발견된 청동 제품들의 수량이 적은 것을 통해 알 수 있다.

남부 시베리아의 고대 종족들의 삶에서 큰 변화는 기원전 2천년기 후반기에 카라수크 문화의 형성과 관련하여 일어난다. 이 시기에 계속된 기후 온난화와 다습화가 확인되는데, 이는 무엇보다도 먼저 스텝 지역들에서의 동식물상의 증가를 도왔다.

인구가 크게 증가하는 것이 관찰되는데, 이에 대해서는 도처에서 발견되는 이 문화의 수많은 고분군들을 통해 알 수 있다. 주민들에게는 장기간용의 상시적인 마을들이 있었고, 그곳에서 모든 계절에 걸쳐 생활하였다. 이것은 가축과 직물 가공, 골제 도구 생산, 토기 제작 등 다양한 종류의 가내 수공업이 발전할 수 있게 하였다.

주로 작은 뿔 가축이 위주가 된 산만한 목축을 수반하는 반정착 생활양식으로의 이행이 확인된다. 주민의 일부는 큰 뿔 가축과 함께 마을에 남았고, 다른 주민의 일부는 수직으로 이동하는 산지 목축에 종사하였다.

카라수크 시대에는 말이 산발적인 형태로서가 아니라 경제적 목적을 위해 기승용으로도 이용되기 시작한다. 이 시기에는 아직 딱딱한 재갈은 없이 첫 번째의 골제 재갈멈치만 있는 원시적인 굴레가 나타난다.

이 시기에는 새로운 기술적 혁신들 덕분에 미누신스크 분지에 거대한 청동 금속 가공 중심지가 형성된다. 청동 물품 제작의 높은 수준과 원시 계급 물품들의 반복 생산 시스템의 형성은 이웃 지역들과 먼 거리 지역들(카자흐스탄에서 중국 북방 지역까지)과의 폭넓은 바터 교역이 가능하게 하였다. 미누신스크 분지에서의 최초의 위세 물품들의 대량 생산은 이웃 지역들과 먼 거리 지역들에서 그 위세 물품들에 대한 모방품이 생산되게 하였다. 시간이 지남에 따라 예니세이 강 유역의 카라수크 문화는 새로운 보다 높은 수준의 타가르 문화에 자리를 넘기게 된다.

타가르 문화(기원전 1천년기)는 중부 아시아의 스키타이 유형의 강력한 문화들 중의 하나이다. 타가르 문화 유적들은 예외적으로 미누신스크 분지에 집중되어 있지만, 수 천 점의 청동 유물들은 동부 유럽에서 중국까지의 광대한 영역에서 발견되었다. 이 시기에 기후는 이전 시기에 비해 보다 다습해지고 보다 따뜻해진다. 동물들에 대한 계속된 가축화가 이루어지고, 도처에서 말을 기승용으로 길들이며, 목동 공동체에서 보다 이동성이 강한 유목 목축 시스템으로 이행이 이루어지며, 다양한 청동 제품에 대한 제작기술이 크게 개량되고, 수많은 유형의 무기들이 출현한다. 이 문화에의 복잡한 현상들은 매장의례와 무덤 구조물들에서의 일정한 규격화뿐만 아니라 동일 유형의 물품들을 대량으로 생산하는데 있어서도 일정한 규격화가 이루어지게 하였다. 매장 의례에서 이 규격화는 피장자들을 장기간의 무덤방들에 매장하는 전통의 점진적 형성에 반영되었다. 광산의 광석이 소모됨에 따라 타가르 문화 말기에는 피장자들에게 온전한 크기의 청동 물품들이 아니라 동일 유형의 미니어처들을 부장하게 되었다. 공동체는 모다 계층화되며, 그 속에서 다양한 사회적 계층들이 형성되는데, 이는 타가르 문화의 매장 의례에 뚜렷하게 반영되었다(예를 들어, 살브익 "왕" 계곡의 대형 쿠르간들).

기원 전후에 타가르 문화 및 공동체에 큰 변화가 일어난다. 이 변화는 내부의 발전 원인들, 그리고 남동쪽으로의 새로운 주민의 물결이라는 외부 원인들과 관련이 있다. 새로운 시대, 다시 말해서 중부 아시아에서 서쪽으로 흑해와 중앙 유럽까지의 강력한 유목 민족들(흉노 · 훈족들, 나중에는 투르크인들 등등)의 이주와 관련된 민족 대이동의 시대가 시작된다.

따라서 미누신스크 분지 고대 문화들에 대한 개관은 특히 남부 시베리아와 남동아시아 문화들 사이의 문화적 통합 및 접촉들과 관련된 수많은 문제들이 아직 해결되지 못하였음을 보여준다. 예를 들어, 거대한 영역들에 걸친(카자흐스탄, 남부 시베리아에서 한국까지) 구체적인 토기 형태들, 토기의 문양 모티브들, 기하학적 기호들, 완 모양 구멍들, 가면 모양 표현물들, 몇몇 전차 형태들의 표현물들, 부리 모양의 사슴들, 스키타이 · 시베리아 동물 양식의 일정한 소재들 등등의 분포는 문화들 사이의 접촉들뿐만 아니라 여러 시기에 실제적 이주자들이 있었음을 증명한다. 오직 공동의 노력과 종합적인 프로그램들만이 이 문제들을 해결할 수 있게 할 것이다.

참고 문헌

Алексеев А.Ю., Боковенко Н.А., Васильев С.С., Дергачев В.А., Зайцева Г.И., Ковалюх Н.Н., Кук Г., ван дер Плихт Й., Посснерт Г, Семенцов А.А., Скотт Е.М., Чугунов К.В. Евразия в скифскую эпоху. Радиоуглеродная и археологиче ская хронология. СПб. 2005. 290с. (알렉세예프 A.Yu., 보꼬벤꼬 N.A., 바실리예프 S.S., 데르가체프 V.A., 자이쩨바 G.I., 꼬발유흐 N.N., 꾸끄 G., 반 데르 플리흐트 I., 포세네르트 G., 세멘쪼프 A.A., 스코트 E.M., 추구노프 K.V. 스키타이 시대의 유라시아. 방사성탄소 및 고고학 편년. 상 뻬쩨르부르그. 2005. 290쪽)

Anthony D. The Horse, the Wheel and Language. Princeton. 2007. 568 p.

Александров С.В., Паульс Е.Д., Подольский М.Л. Древности Аскизского района Хакасии. СПб. 2001. 100 с. (알렉산드로프 S.V., 빠울스 E.D., 뽀돌스끼 M.L. 하카시아 아스끼즈 지역의 고대. 상 뻬쩨르부르그. 2001. 100쪽)

Алексеев В.П. О происхождении древнейшего европеоидного населения Минусинской котловины // Вопросы этнографи и Хакасии. Абакан. 1981. С.4 - 10. (알렉세예프 V.P. 미누신스크 분지의 고대 유럽인종 주민들의 기원에 대해 // 하카시아의 민족지학 문제들. 아바칸. 1981. 4~10쪽)

Боковенко Н.А. Бронзовые котлы эпохи ранних кочевников в азиатских степях // Проблемы западно-сибирской археолог ии. Эпоха железа. Новосибирск. 1981.С.42 - 52. (보꼬벤꼬 N.A. 아시아 스텝들의 초기 유목민들 시대의 청동 솥들 // 서시베리아 고고학의 문제들. 철기시대. 노보시비르스크. 1981.

42~52쪽)

Боковенко. Н.А. Начальный этап культуры ранних кочевников Саяно · Алтая (по материалам конского снаряжения). Автореферат канд. дисс. Л. 1986. 21 с. (보끄벤꼬 N.A. 사얀 · 알타이 초기 유목민들의 문화들에서의 시작 단계(마구 자료를 통해). 박사학위논문 요약집. 레닌그라드. 1986. 21쪽)

Bokovenko N.A. The Tagar Culture in the Minusinsk Basin // Nomads of the Eurasian Steppers in the Early Iron Age. Berkeley. 1995. CA. P.296 - 314.

Боковенко Н.А. Проблема реконструкции религиозных систем номадов Центральной Азии в скифскую эпоху // Жречество и шаманизм в скифскую эпоху. СПб. 1996. С.39 - 42. (보끄벤꼬 N.A. 스키타이 시대 중부 아시아 유목민들의 종교 시스템의 복원 문제 // 스키타이 시대의 제관과 샤머니즘. 상 뻬쩨르부르그. 1996. 39~42쪽).

Боковенко Н.А. Наскальное искусство скифской эпохи // Международная конференция по первобытному искусству. Кемерово. 1998. С.86 - 87. (보끄벤꼬 N.A. 스키타이 시대의 바위 그림 예술 // 원시예술에 대한 국제학술회의. 께메로보. 1998. 86~87쪽)

Боковенко Н.А. Новые памятники наскального искусства на Енисее // Мифология, археология, ритуал, культура. Санкт · Петербург, 2000. С.11 - 19. (보끄벤꼬 N.A. 예니세이 강 유역의 새로운 바위 그림 예술 유적들 // 신화학, 고고학, 의례, 문화. 상 뻬쩨르부르그, 2000, 11~19쪽)

Боковенко Н.А. Писаница Хызыл Хая - обретенная и потерянная // Невский археолого · историографический сборник. СПб. 2004. С.389 - 395. (보끄벤꼬 N.A. 흐이즈일 · 하야 바위 그림-발견된 그리고 잃어버린 바위 그림 // 네바고고학연구

사 논문집. 상 뻬쩨르부르그. 2004. 389~395쪽)

Bokovenko N. The emergence of the Scythians: Bronze Age to Iron Age in South Siberia. The emergence of the Tagar Culture // Antiquity 80. York. 2006. P.18 - 36.

Боковенко Н.А. Начало тагарской эпохи // Древние культуры Евразии. СПб. 2010. С.99 - 103. (보꼬벤꼬 N.A. 타가르 시대의 시작 // 유라시아의 고대 문화들. 상 뻬쩨르부르그. 2010. 99~103쪽)

Боковенко Н.А., Зайцева Г.И., Б. ван Гил, Лебедева Л.М., Семенцов А.А. К проблеме хронологии раннетагарских памятников Енисея // Степи Евразии в древности и средневековье. Книга 2. СПб. 2002. Издательство ГЭ. С.19 - 22. (보꼬벤꼬 N.A., 자이쩨바 G.I., B.반 길, 레베제바 L.M., 세멘쪼프 A.A. 예니세이 지역 전기 타가르 문화 유적들의 편년문제에 대해 // 고대와 중세의 유라시아 스텝들. 제2권. 상 뻬쩨르부르그. 2002. 국립에르미타쉬박물관 출판부. 19~22쪽)

Боковенко Н.А., Красниенко С.В., Могильник Медведка II // Памятники археологии в зоне мелиорации Южной Сибири. Л. 1988.С.23 - 45. (보꼬벤꼬 N.A., 끄라스니옌꼬 S.V. 메드베드까 II 고분군 // 남시베리아 토지개량 지역의 고고학 유적들. 레닌그라드. 1988. 23~45쪽)

Боковенко Н. А., Килуновская М. Е., Красниенко С. В., Кульков а М. А., Лазаретов И. П., Семенов Вл. А. Развитие древних культур Центральной Азии в контексте климатических изменений (по материалам Минусинско - Хакасских котловин и Тувы) //Адаптация народов и культур к изменениям природной среды, социальным и техногенным трансформациям / отв. ред. А. П. Деревянко. М. 2009.С.110 - 118. (보꼬벤꼬 N.A., 낄루놉스까야 M.E., 끄라스니옌꼬 S.V., 꿀꼬바

M.A., 라자레또프 I.P., 세묘노프 V.A. 기후 변동의 맥락에서 본 중부아시아 고대문화들의 발전 (미누신스크 · 하카시아 분지와 투바의 자료들을 통해) // 자연환경, 사회 및 기술 변화에 대한 민족 및 문화들의 적응 / 책임 편집 A.P.데레뱐꼬. 모스크바. 2009. 110~118쪽)

Bokovenko N.A., Legrand S. 2000. Das karasukzeitliche Gruberfeld Anchil Chon in Chakassien // Eurasian Antiqua. Berlin. Band.6. S.209 - 248.

Боковенко Н.А., Легран С. Могильник Нумахыр на реке Биджа // Барнаул. ≪Азбука≫. 2010. С.29 - 35. (보꼬벤꼬 N.A., 레그란드 S. 비쟈 강 유역의 누마흐이르 고분군 // 바르나울. "아즈부까". 2010. 29~35쪽)

Боковенко Н.А., Митяев П.Е. Афанасьевский могильник Малиновый Лог на Енисее // Афансьевский сборник. Барнаул. ≪Азбука≫. 2010. С.6 - 29. (보꼬벤꼬 N.A., 미땨예프 P.E. 예니세이의 말리노브이 로그 아파나시예보 고분군 // 아파나시예보 논문집. 바르나울. "아즈부까". 2010. 6~29쪽)

Боковенко Н.А., Седых В.Н., Красниенко С.В. Некоторые итоги изучения памятников тагарской культуры на Юге Хакасии // Древние культуры евразийских степей. Л. Наука. 1983. С.75 - 81. (보꼬벤꼬 N.A., 세드이흐 V.N., 끄라스니엔꼬 S.V. 하카시아 남부 타가르 문화 유적들 조사의 몇몇 결과들 // 유라시아 스텝의 고대 문화들. 레닌그라드. 나우까. 1983. 75~81쪽)

Вадецкая Э.Б. Гипотеза происхождения афанасьевской культуры // Особенности естественно - географической среды и исторические процессы в Западной Сибири. Томск, 1979. С.98 - 100. (바데쯔까야 E.B. 아파나시예보 문화 기원의 가설 // 서시베리아의 자연 · 지리 환경의 독특성과 역사적 과정들.

뜸스크, 1979. 98~100쪽)

Вадецкая Э.Б. Археологические памятники в степях Енисея. Λ енинград. 1986. 179 с. (바데쯔까야 E.B. 예니세이 스텝들의 고고학 유적들. 레닌그라드. 1986. 179쪽)

Васильев С.А. Поздние комплексы многослойной стоянки У й II и проблема развития каменного века в голоцене на Верх нем Енисее // Археологические вести. 8. СПб. 2001. С.62 - 76. (바실리에프 S.A. 우이 II 다층위 유적의 늦은 복합체들과 예니세이 강 상류지역 홀로센의 석기시대의 발전 문제 // 고고학 소식지. 8. 상 뻬쩨르부르그. 2001. 62~76쪽)

Волков В.В. Бронзовый и ранний железный век Северной Мо нголии // Улан - Батор, 1967. 148 с. (볼꼬프 V.V. 북몽골의 청동기시대와 초기철기시대 // 울란 · 바또르, 1967. 148쪽)

Генинг В.Ф. Могильник Синташта и проблемы ранних индо иранских племен // Советская археология. 1977. № 4. С.53 - 73. (게닌그 V.F. 신따쉬따 고분군과 전기 인도이란 종족들의 문제들 // 소비에트 고고학. 1977. № 4. 53~73쪽)

Герасимов М.М., Черных Е.Н. Раскопки Фофоновского мог ильника в 1959 г. // Первобытная археология Сибири. Λ., 1975. С.23 - 48. (게라시모프 M.M., 체르느이흐 E.N. 1959년도 포포노보 고분군 발굴조사 // 시베리아의 원시 고고학. 레닌그라드. 1975, 23~48쪽)

Готлиб А.И. Горные архитектурно · фортификационные соо ружения окуневской эпохи в Хакасии // Окуневский сборни к. 1997. С.134 - 151. (고뜰리브 A.I. 하카시아 오쿠네보 문화 시기의 산악 건축 · 축성 구조물들 // 오쿠네보 논문집. 1997. 134~151쪽)

Гришин Ю.С. 1960. Производство в тагарскую эпоху // МИА. № 90. С.116 - 206. (그리쉰 Yu.S. 1960. 타가르 시대의 생산

// 고고학 조사 자료들. № 90. 116~206쪽)

Громов А.В. Антропология населения окуневской культуры Южной Сибири (эпоха бронзы). Автореф. канд. диссертации. СПб. 2002. 33с. (그로모프 A.V. 남시베리아 오쿠네보 문화 주민들의 형질인류학 (청동기시대). 박사학위논문 요약본. 상 뻬쩨르부르그. 2002. 33쪽)

Громов А.В. Население юга Хакасии в эпоху поздней бронзы и проблема происхождения карасукской культуры // Антропология сегодня. № 1. СПб. 1995. С.130 - 150. (그로모프 A.V. 청동기시대 후기 하카시아 남부의 주민들과 카라수크 문화의 기원문제 // 오늘날의 인류학. № 1. 상 뻬쩨르부르그. 1995. 130~150쪽)

Gryaznov M. South Siberia. Geneva. 1969. 152 p.

Грязнов М.П. Афанасьевская культура на Енисее. СПб., 1999. 136 с. (그랴즈노프 M.P. 예니세이의 아파나시예보 문화. 상 뻬쩨르부르그. 1999, 136쪽)

Грязнов М.П., 1968. Тагарская культура // История Сибири. Т.1. Л. С.187 - 196. (그랴즈노프 M.P. 1968. 타가르 문화 // 시베리아의 역사. 권1. 레닌그라드. 187~196쪽)

Грязнов М.П., 1979 Введение // Комплекс археологических памятников у горы Тепсей на Енисее. Новосибирск. С.89 - 146. (그랴즈노프 M.P. 1979. 서론 // 예니세이 떼쁘세이 산 부근의 고고학 유적 복합체. 노보시비르스크. 89~146쪽)

Дебец Г.Ф. Палеоантропология СССР. М. · Л., 1948 (ТИЭ, т. 4). 392 с. (데베찌 G.F. 소련의 고인류학. 모스크바 · 레닌그라드. 1948(TIE 권4). 392쪽)

Дэвлет М.А. 1976. Большая Боярская писаница. М. 20 с. (데블레트 M.A. 1976. 대보야리 바위 그림. 모스크바. 20쪽)

Дэвлет М.А. Каменный ≪компас≫ в Саянском каньоне Енис

ея. М. 2004. 87с. (데블레뜨 M.A. 예니세이 유역 사얀 협곡의 돌 "콤파스". 모스크바. 200. 87쪽)

Еромолова Н.М., Марков Ю.Н. Датирование археологическ их образцов из могильников эпохи бронзы Южной Сибир и // Древние культуры евразийских степей. Л., 1983.С.95 - 98. (예로몰로바 N.M., 마르꼬프 Yu.N. 남시베리아 청동기시대 고분군 출토 고고학 샘플들의 편년 // 유라시아 스텝의 고대 문화들. 레닌그라드. 1983, 95~98쪽)

Жуков А. Е. История Японии. М.: Институт востоковедения РАН. 1998. Т. 1. 659 с. (쥬꼬프 A.E. 일본의 역사. 모스크바: 러시아과학원 동방학연구소. 1998. 권1. 659쪽)

Francfort, Henri · Paul, Klodzinski D., Mascle G. Petroglyphes archaiques du Ladakh et du Zanskar. Arts Asiatiques. 1990. 45. P. 5—27.

Зяблин Л.П. Карасукский могильник Малые Копены III. М. Наука. 1977. 141 с. (쟈블린 L.P. 카라수크 문화 말르이예 꼬뻬느이 III 고분군. 모스크바. 나우가. 1977. 141쪽)

Кайзер Э. Курильницы катакомбной культуры и чаши на под ставках Северного Причерноморья – к вопросу о нов ой типологии // Материалы и исследования по археологии Кубани. Краснодар. Вып.5. 2005. С. 121 - 138. (카이제르 E. 카타콤브 문화의 향로와 흑해북안의 다리 달린 완 // 쿠반 고고학의 자료와 연구. 끄라스노다르. 권5. 2005. 121~138쪽)

Ким Чжонг Бэ, Чжан Со Хо, Н.А. Боковенко, Килуновская М.Е. Наскальные изображения Центральной Азии. Фонд и стории Северо - Восточной Азии. Сеул. 2007. 353с. (김정배, 장석호, N.A.보꼬벤꼬, 낄루놉스까야 M.E. 중앙아시아의 바위그림. 동북아역사재단. 서울. 2007. 353쪽)

Киселев С.В. 1951. Древняя история Южной Сибири. М..

643 с. (끼셀료프 S.V. 1951. 남시베리아의 고대 역사. 모스크바. 643쪽)

Козинцев А.Г. Антропологический состав и происхождение населения тагарской культуры. Л. 1977. (꼬진쩨프 A.G. 타가르 문화의 형징인류학적 구성과 주민들의 기원. 레닌그라드. 1977)

Козинцев А.Г. О ранних миграциях европеоидов в Сибирь и Центральную Азию (в связи с индоевропейской проблемой) // Археология, этнография и антропология Евразии. Новосибирск. 2009. № 4 (40). С. 125 - 136. (꼬진쩨프 A.G. 시베리아와 중부 아시아로의 유럽인종들의 초기 이주들에 대해 (인도유럽인들의 문제와 관련하여) // 유라시아의 고고학, 민족지학, 그리고 인류학. 노보시비르스크. 2009. № 4(40). 125~136쪽)

Комарова М.Н. Погребения Окунева улуса // Советская археология. М. 1947. № 3. С. 47 - 60. (꼬마로바 M.N. 오쿠네프 울루스의 무덤들 // 소비에트 고고학. 모스크바. 1947. № 3. 47~60쪽)

Кузьмин Н.Ю. Погребальные памятники хунно · сяньбийского времени в степях Среднего Енисея. Тесинская культура. СПб. 2011. 454 с. (꾸지민 N.Yu. 예니세이 강 중류지역의 흉노 · 선비 시대 무덤 유적들. 떼시 문화. 상 뻬쩨르부르그. 2011. 454쪽)

Кузьмин Н.Ю., Варламов О.Б. Особенности погребального обряда племен Минусинской котловины на рубеже нашей эры. Опыт реконструкции // Методические проблемы археологии Сибири. Новосибирск. 1988. С. 146-155. (꾸지민 N.Yu., 바를라모프 O.B. 기원전후 미누신스크 분지 종족들의 매장의례의 독특성 // 시베리아 고고학의 방법론적 문제들. 노

보시비르스크. 1988. 146~155쪽)

Кузьмина Е.Е. Откуда пришли индоарии. М. Восточная лите ратура. 1994. 464 с. (꾸지미나 E.E. 인도아리아인들은 어디로 부터 왔는가. 모스크바. 동방문학. 1994. 464쪽)

Kuz'mina E.E. The origin of the Indo · Iranians.Boston :Brill.2007.762p.

Кулемзин А.М. Тагарские бронзовые наконечники стрел // Ю жная Сибирь в скифо · сарматскую эпоху. Кемерово. 1976. С. 43 - 56. (꿀렘진 A.M. 타가르 문화의 청동 화살촉들 // 스키타이 · 사르마트 시대의 남부 시베리아. 께메로보. 1976. 43~56쪽)

Курочкин Г.Н. Тагарские курганы в зоне строительства Новос еловской оросительной системы // Памятники археологии в зонах мелиорации Южной Сибири. Л. 1988. С. 5 - 22. (꾸로치낀 G.N. 노보셀로프 관개 시스템 건축구역의 타가르 문화 쿠르간들 // 남부 시베리아 토지 개량 구역의 고고학 유적들. 레닌그라드. 1988. 5~22쪽)

Кызласов Л.Р. Кто жил в Хакасии две тысячи лет назад // Н аука и жизнь. М. 1969. С.93 - 96. (끄이즐라소프 L.R. 하카시아에 2천 년 전에 누가 살았는가 // 학문과 생활. 모스크바. 1969. 93~96쪽)

Лазаретов И.П. К вопросу о ямно - катакомбных связях окунев ской культуры // Проблемы изучения окуневской культуры. СПб. 1995. С.14 - 16. (라자레또프 I.P. 오쿠네보 문화의 야마 · 카타콤브 관련성 문제에 대해 // 오쿠네보 문화 연구의 문제들. 상 뻬쩨르부르그. 1995. 14~16쪽)

Лазаретов И.П. Окуневские могильники в долине реки Уйба т // Окуневский сборник. 1997. С. 19 - 64. (라자레또프 I.P. 우이바트 강 유역의 오쿠네보 문화 유적들 // 오쿠네보 논문

집. 1997. 19~64쪽)

Лапшина З.С. Предметы искусства и ранняя керамика Осип овской культуры поселения Хумми 1 (Нижний Амур) // Т руды III (XIX) Всероссийского археологического съезда. В еликий Новгород · Старая Русса. 2011. С. 165 - 166. (라쁘쉬나 J.S. 훔미 1 주거 유적의 오시뽀브까 문화 예술품과 이른 시기 토기(아무르 상 하류) // 러시아 선국고고학내회 논저 III (XIX). 벨리끼 노브고로드 · 스따라야 루싸. 2011. 165~166쪽)

Левашева В.П. Сельское хозяйство // Очерки по истории ру сской деревни X - XIII вв. Труды ГИМ. № 32. М. 1956. 268 с. (레바쉐바 V.P. 농촌 경제 // 10~13세기 러시아 농촌의 역사 개관. 국립역사박물관 논저. № 32. 모스크바. 1956. 268쪽)

Легран С. 2000. К вопросу о происхождения звериного стиля карасукских металлических изделий и бронзы ≪карасукског о типа≫ // Международная конференция по первобытному искусству. Том.2. Кемерово. С.137 - 142. (레그란드 S. 2000. 카라수크 금속제품과 "카라수크 유형" 청동기 동물양식의 기원 문제에 대해 // 원시예술에 대한 국제학술회의. 권2. 께메로보. 137~142쪽)

Леонтьев Н.В. Колесный транспорт эпохи бронзы на Енисе е // Вопросы археологии Хакасии. Абакан. 1980. С.65 - 84. (레온찌예프 N.V. 예니세이 강 유역의 청동기시대 바퀴달린 운송수단 // 하카시아의 고고학 문제들. 1980. 65~84쪽)

Legrand S. Karasuk metallurgy: technological development and regional influence // Metallurgy in Ancient Eastern Eurasia from the Urals to the Yellow River. Ed. K. M. Linduff, the Edwin Mellin Press, Lewiston · Queenston · Lampeter. 2004. P.139 - 156.

Legrand S. La culture de Karasuk: definition de la societe de l'Age du Bronze final dans le bassin de Minusinsk (Region du Moyen · Enisej, Siberie meridionale). These de Doctorat, Universite Pantheon · Sorbonne 1. Paris. 2010. T. 1 - 3, 734 p.

Legrand S. The emergence of the Karasuk culture // Antiquity. 80. York. 2006. P. 843 - 859.

Loehr, M. Chinese Bronze Age Weapons, Ann Arbor : University of Michigan Press, London, 1956. 233 p.

Loehr, M. Ordos daggers and knives : New Material Classification and Chronology //Artibus Asiae vol. 12, 1949. pp. 126 - 144.

Леонтъев Н.В., Капелько В.Ф., Есин Ю.Н. Изваяния и стелы окуневской культуры. Абакан. 2006. 236с. (레온찌예프 N.V., 까뻴꼬 V.F., 예신 Yu.N. 오쿠네보 문화의 석상들과 기둥들. 2006. 236쪽)

Леонтъев С.Н. К вопросу о керамических традициях окуневск ой культуры Среднего Енисея // Окуневский сборник 2. К ультура и ее окружение. СПб. 2006. С. 260 - 272. (레온찌예프 S.N. 예니세이 강 중류지역의 오쿠네보 문화 토기 전통들에 대한 문제들 // 오쿠네보 논문집 2. 문화와 그 주변들. 상 뻬쩨르부르그. 2006. 260~272쪽)

Липский А.Н. Новые данные по афанасьевской культуре // В опросы истории Сибири и Дальнего Востока. Новосибирск. 1961. С. 269 - 278. (리쁘스끼 A.N. 아파나시예보 문화에 대한 새로운 자료들 // 시베리아와 극동의 역사 문제들. 노보시비르스크. 1961. 269~278쪽)

Лисицын Н.Ф. К вопросу о неолите Хакасии // Краткие сооб щения Институт археологии. No. 193. 1988. С.15 - 20. (리시쯔인 N.F. 하카시아의 신석기시대 문제에 대해 // 고고학연구소 약보. No. 193. 1988. 15~20쪽)

Максименков Г.А. Андроновская культура на Енисее. Наука.

Ленинград. 1978. 191с. (막시멘꼬프 G.A. 예니세이의 안드로노보 문화. 나우까. 레닌그라드. 1978. 191쪽)

Максименков Г.А. Новые данные об эпохе бронзы в Минусинской котловине // Краткие сообщения Института археологии. М. 1964. Вып. 101. (막시멘꼬프 G.A. 미누신스크 분지의 청동기시대에 대한 새로운 자료들 // 고고학연구소 간보들. 모스크바. 1964. 101호)

Максименков Г.А. Окуневская культура и ее окружение // Проблемы хронологии и культурной принадлежности археологических памятников Западной Сибири. Томск. 1970. С.72 - 74. (막시멘꼬프 G.A. 오쿠네보 문화와 그 주변 // 서시베리아 고고학 유적들의 편년과 문화적 귀속성 문제들. 똠스크. 1970. 72~74쪽)

Максименков Г.А. Современное состояние вопроса о периодизации эпохи бронзы Минусинской котловины // Первобытная археологии Сибири. Л. 1975.С.48 - 58. (막시멘꼬프 G.A. 미누신스크 분지 청동기시대의 시기구분에 대한 문제의 현재 상태 // 시베리아의 원시 고고학. 레닌그라드. 1975. 48~58쪽)

Михайлов Н.И., 1961. Горы Южной Сибири. М. 258 с. (미하일로프 N.I., 1961. 남부 시베리아의 산들. 모스크바. 258쪽.)

Nagler A. Waren die Trager der Okunev · Kultur Nomaden? // Eurasia Antiquua, Berlin. 1999. S. 14 - 25.

Наумов Д.В. Производство и обработка карасукских ножей // Н.Л.Членова. Хронология памятников карасукской эпохи. М. 1972. Приложение. С. 140 - 157. (나우모프 D.V. 카라수크 문화 손칼들의 생산과 가공 // N.L.츨레노바. 카라수크 시대 유적들의 편년. 모스크바. 1972. 부록. 140~157쪽)

Новгородова Э.А. Центральная Азия и карасукская проблема.

M. 1970. 191 c. (노브고로도바 E.A. 중부아시아와 카라수크 문제. 모스크바. 1970. 191쪽)

Окладников А.П. Неолитические памятники Ангары. Новоси бирск, 1974. 320с. (오끌라드니꼬프 A.P. 앙가라의 신석기시대 유적들. 노보시비르스크, 1974. 320쪽)

Подольский М.Л. Овладение бесконечностью (опыт типолог ического подхода к окуневскому искусству) // Окуневский с борник. СПб. 1997. С.168 - 201. (뽀돌스끼 M.L. 무한의 소유 (오쿠네보 예술에 대한 유형적 접근의 경험) // 오쿠네보 논문집. 상 뻬쩨르부르그. 1997. 168~201쪽)

Поляков А.В. 2002. Схема периодизации классического этапа карасукской культуры // Степи Евразии в древности и средн евековье. СПб. С. 209 - 213. (뽈야꼬프 A.V. 2002. 카라수크 문화 고전 단계의 시기구분 도식 // 고대와 중세의 유라시아 스텝들. 상 뻬쩨르부르그. 209~213쪽)

Рыкушина Г.В. Палеоантропология карасукской культуры. М. 2007. 198с. (르이꾸쉬나 G.V. 카라수크 문화의 고형질인류학. 모스크바. 2007. 198쪽)

Савинов Д. Г. Афанасьевская культура // Древние культуры Б ертекской долины. Новосибирск, 1994. С. 130-135. (사비노프 D.G. 아파나시예보 문화 // 베르쩨크 계곡의 고대 문화들. 노보시비르스크. 1994. 130~135쪽)

Савинов Д.Г. Древние поселения Хакасии. Торгажак. СПб. 1996. 106с. (사비노프 D.G. 하카시아의 고대 주거 유적들. 또르가자크. 상 뻬쩨르부르그. 1996. 106쪽)

Савинов Д.Г. К вопросу о формировании окуневской изобр азительной традиции // Окуневский сборник. СПб. 1997. С.202 - 212. (사비노프 D.G. 오쿠네보 표현 전통의 형성에 대한 문제 // 오쿠네보 논문집. 상 뻬쩨르부르그. 1997. 202~212

쪽)

Савинов Д.Г. О выделении стилей и иконографических групп изображений окуневской культуры // Окуневский сборник 2. Культура и ее окружение. СПб. 2006. С. 157 - 190. (사비노프 D.G. 오쿠네보 문화 표현물들의 스타일과 도상그룹들의 구분에 대해 // 오쿠네보 논문집 2. 문화와 그 주변들. 상 뻬쩨르부르그. 2006. 157~190쪽)

Самашев З., Чжан Со Хо, Боковенко Н., Мургабаев С. Наскальное искусство Казахстана. Фонд истории Северо - Восточной Азии. Сеул. 2011. 454 с.(사마쉐프 Z., 장석호, 보꼬벤꼬 N., 무르가바예프 S. 카자흐스탄의 바위 그림. 동북아역사재단.서울. 2011. 454쪽)

Самашев З.С. Наскальные изображения Восточного Прииртышья. Алма · Ата. 1992. 288 с. (사마쉐프 J.S. 동이르뜨이쉬강 유역의 바위 그림들. 알마 · 아타. 1992. 288쪽)

Святко С.В., Поляков А.В. Новые радиоуглеродные даты памятников эпохи бронзы – начала железного века Среднего Енисея // Роль естественно · научных методов в археологических исследованиях. Барнаул. 2009. С. 146 - 149. (스뱌뜨꼬 S.V., 뽈야꼬프 A.V. 예니세이 강 중류지역의 청동기시대 · 철기시대 초 유적들에 대한 새로운 방사성탄소연대들 // 고고학 연구에 있어서의 자연과학적 방법들의 역할. 바르나울. 2009. 146~149쪽)

Семенов Вл.А. Неолит и бронзовый век Тувы. СПб. 1992. (세묘노프 V.A. 투바의 신석기시대와 청동기시대. 상 뻬쩨르부르그. 1992)

Семенов Вл.А. Древнейшая миграция индоевропейцев на восток (к столетию открытия тохарских рукописей) // Петербургский археологический вестник. No. 4. СПб., 1993 С.25 - 30.

(세묘노프 V.A. 인도유럽인들의 동쪽으로의 고대의 이주(토하르 원고 발견 100년을 기념하여) // 뻬쩨르부르그 고고학 소식지. № 4. 상 뻬쩨르부르그. 1993. 25~30쪽)

Семенцов А.А., Зайцева Г.И., Герсдорф Й., Боковенко Н.А., Парцингер Г., Наглер А., Чугунов К.В., Лебедева Л.М. Вопросы хронологии памятников кочевников скифской эпохи Южной Сибири и Центральной Азии // Радиоуглерод и археология. СПб. 1997. Вып.2. С.86 - 93. (세묘노프 V.A., 자이쩨프 G.I., 게르스도르프 I., 보꼬벤꼬 N.A., 빠르찐게르 G., 나글레르 A., 추구노프 K.V., 레베제바 L.M. 남시베리아와 중부아시아의 스키타이 시대 유목민들 유적의 편년 문제들 // 방사성탄소와 고고학. 상 뻬쩨르부르그. 1997. 2호. 86~93쪽)

Советова О.С. Петроглифы тагарской эпохи на Енисее (сюжеты и образы). Новосибирск. 2005. 140 с. (소베또바 O.S. 예니세이 강 유역의 타가르 시대 바위 그림들(소재들과 형상들). 노보시비르스크. 2005. 140쪽)

Советова О.С., Миклашевич Е.А. 1999 Хронологические и стилистические особенности среднеенисейских петроглифов // Археология, этнография и музейное дело. Кемерово. С. 47 - 74. (소베또바 O.S., 미끌라쉐비치 E.A. 1999. 예니세이 강 중류지역 바위 그림들의 편년적 및 스타일적 특징들 // 고고학, 민족지학, 그리고 박물관 업무. 께메로보. 47~74쪽)

Соколова Л.А. Формирование окуневского культурного комплекса. Авреферат канд. дисс. СПб. 2009. 28с. (소꼴로바 L.A. 오쿠네보 문화 복합체의 형성. 박사학위논문 요약본. 상 뻬쩨르부르그. 2009. 28쪽)

Солодовников К.Н. Краниологические материалы из могильника андроновской культуры Фирсово XIV в свете проблем формирования населения Верхнего Приобья в эпоху бронзы

// Изучение историко · культурного наследия народов Южной Сибири. Горно · Алтайск. 2005. С. 47 - 75 (솔로도브니꼬프 K.N. 청동기시대 오베 강 상류지역 주민들의 형성문제라는 측면에서 본 안드로노보 문화 피르소보 XIV 고분군 출토 두개학 자료들 // 남부 시베리아 민족들의 역사적 · 문화적 유산의 연구. 고르노 · 알타이스크. 2005. 47~75쪽)

Солодовников К.Н. Населения Верхнего Приобья в эпоху бронзы // Изучение историко · культурного наследия народов Южной Сибири. Горно · Алтайск. 2005. Вып. 1. С. 47-75. (솔로도브니꼬프 K.N. 청동기시대 오베 강 상류지역 주민들 // 남부 시베리아 민족들의 역사적 · 문화적 유산의 연구. 고르노 · 알타이스크. 2005. 1호. 47~75쪽)

Сунчугашев Я.И. Древнейшие рудники и памятники ранней металлургии в Хакасско · Минусинской котловине. М. 1975. 173 с. (순추가쉐프 Ya.I. 하카시아 · 미누신스크 분지의 오랜 고대의 광산들과 초기 야금술 유적들. 모스크바. 1975. 173쪽)

Теплоухов С.А. Древние погребения в Минусинском крае // Материалы по этнографии. 1927. Т. 3, вып. 2. С. 57 - 112. (떼쁠로우호프 S.A. 미누신스크 주의 고대 무덤들 // 민족지학 자료들. 1927. 권 3. 2호. 57~112쪽)

Теплоухов С.А. Опыт классификации древних металлургических культур Минусинского края // Материалы по этнографии. Л. 1929. Т. IV. Вып. 2. С.41 - 62. (떼쁠로우호프 S.A. 미누신스크 주의 고대 금속문화들의 형식분류 경험 // 민족지학 자료들. 레닌그라드. 1929. 권4. 2호. 41~62쪽)

Хлобыстина М.Д. Бронзовые изделия Хакасско · Минусинской котловины и развитие карасукской культуры // Автореферат канд. Диссертации. Л. 1963. 19 с. (흘로브이스띠나 M.D. 하카시아 · 미누신스크 분지의 청동 제품들과 카라수크 문화

의 발전 // 박사학위논문 요약본. 레닌그라드. 1963. 19쪽)

Хлопин И.Н. 1999. Афанасьевская культура // М.П.Грязнов. Афанасьевская культура на Енисее. С. - Петербург. Приложение. С.71 - 84. (흘로삔 I.N. 1999. 아파나시예보 문화 // M.P.그랴즈노프. 예니세이의 아파나시예보 문화. 상 뻬쩨르부르그. 부록. 71~84쪽)

Черных Е.Н. Формирование Евразийского "степного пояса" скотоводческих культур: взгляд сквозь призму археометаллургии и радиоуглеродной хронологии. АЭ АЕ. №3(35). 2008. С.36 - 53. (체르느이흐 E.N. 목축문화들의 유라시아 "스텝 띠"의 형성: 고고야금술 및 방사성탄소연대의 프리즘을 통해 본 견해. 유라시아의 고고학민족학인류학. №3(35). 2008. 36~53쪽.)

Членова Н.Л. Памятники переходного карасук · тагарского времени в Минусинской котловине // Советская археология. №. 3. М. 1963. С. 48 - 65. (츨레노바 N.L. 미누신스크 분지의 카라수크 · 타가르 문화 이행기의 유적들 // 소비에트 고고학. №. 3. 1963. 48~65쪽)

Членова Н.Л. Происхождение и ранняя история племен тагарской культуры. М. 1967. 298с. (츨레노바 N.L. 타가르 문화 종족들의 기원과 초기 역사. 모스크바. 1967. 298쪽)

Членова Н.Л. Тагарская культура // Археология СССР. Степная полоса азиатской части СССР в скифо - сарматское время. М. 1990. С. 206 - 224. (츨레노바 N.L. 타가르 문화 // 소련의 고고학. 스키타이 · 사라마트 시대 소련 아시아 지역의 스텝의 띠. 모스크바. 1990. 206~224쪽)

Членова Н.Л., 1972. Хронология памятников карасукской эпохи. М. 248с. (츨레노바 N.L. 1972. 카라수크 시대 유적들의 편년. 모스크바. 248쪽)

Шер Я.А. Петроглифы Средней и Центральной Азии. М. 1980. 328 с. (쉐르 Ya. A. 중앙 아시아와 중부 아시아의 바위 그림들. 모스크바. 1980. 328쪽)

Watson W. 1960. Archaeology in China. London.

Список сокращений(약어)

ГИМ : Государственный исторический музей. М. 국립역사박물관. 모스크바.

Л. : Ленинград. 레닌그라드.

М. : Москва. 모스크바.

МИА : Материалы и исследования по археологии СССР. М: Л. 소련 고고학 조사 자료들. 모스크바 · 레닌그라드.

СПб. : Санкт · Петербург. 상 뻬쩨르부르그.

옮긴이 후기

우리에게 시베리아는 겨울의 나라이다. 살을 에는 차가운 바람이 몰아치는 동토(凍土)의 땅이다. 하지만 시베리아의 모든 지역이 다 그런 것은 아니다. 지금의 러시아에 속하는 시베리아 남부지대에는 시베리아 횡단철도를 따라 이르쿠츠크, 끄라스노야르스크, 아바깐, 노보시비르스크 등 큰 도시들이 늘어서 있다. 시베리아에서도 여름이면 일광욕을 하고 바이칼 호수, 예니세이 강, 오삐 강에서는 사람들이 수영을 즐긴다. 우리가 상상하는 시베리아는 겨울의 시베리아일 뿐이다. 그곳에도 봄이면 꽃이 피고 감자를 심는다. 다만 겨울이 길고 여름이 조금 짧을 뿐이다.

이 책에서 다루고 있는 중심지역은 시베리아 중에서 흔히 남(南)시베리아라고 칭하는 하카시야-미누신스크 분지 일대이다. 이곳은 시베리아의 가운데를 남북으로 관통하여 흐르는 예니세이 강의 중상류지역이며 고고학계에서는 흔히 미누신스크 분지라고 부르기도 하다. 이곳은 사얀과 알타이 그리고 꾸즈네쯔끼 알라타우라는 큰 산맥들에 의해 동쪽, 남쪽, 서쪽의 3면이 둘러싸여 있는 커다란 분지 스텝지역이다. 독특한 지형으로 인해 지금도 마찬가지이지만 선사시대에도 시베리아 다른 지역들에 비해 훨씬 따뜻한 기후를 가졌고, 주변의 산악지역들에는 구리, 금, 은 등 유용광물이 풍부하였으며, 또한 주변의 산악지역에는 다양한 동식물이 서식하여 이곳은 일찍부터 다양한 문화가 발달할 수 있는 자연조건을 구비하고 있었다.

아파나시예보 문화, 오쿠네보 문화, 안드로노보 문화, 카라수크 문화, 타가르 문화 - 청동기시대부터 초기철기시대 이른 단계까지의 고고학문화들이다. 이 중에서 카라수크 문화와 타가르 문화는 고고학을 하는 사람이라면 한 번쯤은 들어보았을 것이다. 이 고고학문화들은 시베리아 고고학의 핵심이 되며 일찍부터 수많은 학자들에 의해 연구되기 시작하였다. 시베리아에서의 학술적인 고고학 조사는 17세기에 이미 시작되었으며 이후 상 뻬쩨르부르그의 고고학자들이 시베리아의 고고학 조사와 연구를 주도하고 있다.

옮긴이는 1990년대에 국립모스크바대학교에서 시베리아 고고학에 대해 공부한 적이 있다. 시베리아 하카시야 출신의 L.R.끄이즐라소프 교수에게서 바로 상기한 고고학문화들에 대한 강의를 들었고 그 강의를 토대로 『북방유라시아대륙의 청동기문화』 라는 책의 후반부에 시베리아 고고학에 대해 언급하기도 하였다. 하지만 그 이후 적지 않은 시간이 흘렀고 그 동안 새로운 발굴 및 연구 자료들이 축적되었다. 그런데 단국대학교 동양학연구소에서 이 책의 저자 중의 한 명인, 상 뻬쩨르부르그의 러시아과학원 물질문화사연구소에 재직하고 있는, N. 보꼬벤꼬 박사를 국제학술회의에 초청하여 이 지역의 최신 발굴 및 연구내용을 소개할 수 있게 하였고, 또 이 책의 집필과 번역을 조직하였다. 국내 학계에 시베리아 고고학의 최신 연구 성과를 소개할 수 있게 한 매우 중요한 기여라고 생각된다.

우리는 이 책을 통해 시베리아 고고학을 접할 수 있을 것이다. 이 지역에서는 이미 기원전 4천년 경에 구리가 사용되기 시작하였고, 기원전 2천년 경에 사람과 동물 혹은 괴수의 얼굴을 새기거나 조각한 거대한 석상들이 만들어지기 시작하였고, 기원전 14/13세기경에 압록강 유역을 비롯한 유라시아 대륙 대부분의 지역을 강타한 카라수크 청동기가 발달하기 시작하였고, 기원전 8/7세기에 거대한 피라미드 모양 고총들이 등장하기 시작하였다. 시베리아의 한 곳에 광활한 스텝이 있었고 그곳에 매우 발달한 선사시대 문명이 있었다는 사실은 참으로 놀라운 일이다. 옮긴이는 2014년 여름에 하카시야 지역을 답사하는 행운을 얻은 적이 있다. 드넓은 스텝을 따라 난 길을 가면 거의 어느 곳에서나 볼 수 있는 스키타이 시대 타가르 문화 고총의 흔적인 거대한 거석들, 튀르크 시대의 무덤 호석들, 박물관의 뜰과 내부 한 공간을 차지하고 있는 오쿠네보 문화의 거대한 석상들, 산의 암벽 곳곳에 새겨져 있는 청동기시대와 초기철기시대의 바위그림들, 이곳의 선사시대와 역사시대의 문화양상을 보여주는 박물관의 유물들! 이 얼마나 멋진 광경인가! 이곳에도 큰 도시들이 들어서 있지만 아직은 개발되지 않은 자연과 수많은 유적들이 우리의 가슴을 설레게 한다. 이곳은 우리에게 아직 미지의 세계로 남아있다. 이 책을 통해 그 미지의 세계로 들어갈 수 있을 것이다.

이 책의 집필과 번역을 조직한 단국대학교 동양학연구원 서영수 교수님, 한시준 교수님과 이호석 박사님에게 깊이 감사드린다.

2015년 봄에 정석배

보꼬벤꼬(Bokovenko N.A.)

1948년 폴란드 스비드니짜 출생
상트 뻬제르부르그 국립대학교 역사학부 고고학과 졸업(1975년)
박사학위 논문: 사얀-알타이지역 초기 유목민들 문화의 이른 단계(1986년)
러시아과학원 물질문화사연구소 중부아시아 및 카프카스 고고학과 선임 학예연구원,
역사학박사, 교수, 중류-예니세이 발굴조사단 단장.

레그란드(Legrand S.)

1971년 프랑스 파리 출생
모스크바 국립대학교 역사학부 고고학과 졸업(1995년)
파리 소르본 대학교 박사과정(1996~1998년)
박사학위 논문: 카라수크 문화 - 미누신스크 분지(남시베리아 예니세이 중류 지역) 후기 청동기시대 공동체의 정의(2010)
프랑스 학술연구센터 학예연구원

정석배

한양대학교 사학과, 국립모스크바대학교 졸업(석사 · 박사)
이화여자대학교 박물관 객원연구원, 국립문화재연구소 유적조사실 학예연구사를 역임하였으며, 현재 한국전통문화대학교 문화유적학과 교수
광주 번천리 백자가마터, 장도 청해진유적, 부여 능산리사지, 카프카스 노보자베젠노예 2 스키타이 쿠르간, 아무르 강 하류 수추섬 신석기시대 유적, 연해주 마리야노브까 발해성, 체르냐찌노 5 발해고분군, 체르냐찌노 2 옥저 · 발해 주거유적, 끄라스끼노 발해성 등 국내 · 외의 수많은 유적 발굴조사에 참여하였으며, 한국문화의 원류, 북방유라시아대륙의 청동 · 철기시대, 연해주의 말갈 · 발해고고학 등 북방지역의 선사와 역사시대 문화들에 특히 많은 관심을 가지고 있다.